德汉应用文
笔译理论与实践
Deutsch

主　编◎黎东良
副主编◎曲　奕

中国出版集团有限公司

世界图书出版公司
西安　北京　上海　广州

图书在版编目（CIP）数据

德汉应用文笔译理论与实践 / 黎东良主编；曲奕副主编. — 西安：世界图书出版西安有限公司，2023.11（2024.8 重印）

ISBN 978-7-5232-0598-3

Ⅰ.①德… Ⅱ.①黎… ②曲… Ⅲ.①德语—应用文—翻译 Ⅳ.① H335.9

中国国家版本馆 CIP 数据核字（2023）第 220161 号

书　　名	德汉应用文笔译理论与实践
	DEHAN YINGYONGWEN BIYI LILUN YU SHIJIAN
主　　编	黎东良
副 主 编	曲　奕
责任编辑	赵芷艺
装帧设计	설+ 张洪海
出版发行	世界图书出版西安有限公司
地　　址	西安市雁塔区曲江新区汇新路355号
邮　　编	710061
电　　话	029-87214941　029-87233647（市场营销部）
	029-87234767（总编室）
网　　址	http://www.wpcxa.com
邮　　箱	xast@wpcxa.com
经　　销	新华书店
印　　刷	西安真色彩设计印务有限公司
开　　本	787mm×1092mm　1/16
印　　张	12
字　　数	190千字
版次印次	2023年11月第1版　2024年8月第2次印刷
国际书号	ISBN 978-7-5232-0598-3
定　　价	32.00元

版权所有　翻印必究
如有印装错误，请寄回本公司更换

前　言

"德汉一般应用文笔译"之教学始于山东大学（威海）2006级新设英德双语专业。"德汉一般应用文笔译"课程，开设在四年级上学期，每周两节。尽管课程内容一直在不断更新，但是，核心内容依旧是怎样翻译和撰写贺信和贺卡，怎样翻译和写邀请信、回绝信以及应邀，怎样翻译和撰写感谢信、唁函和慰唁函，怎样翻译和设计广告，怎样翻译和撰写其他题材的德语信件。遗憾的是，课程开设以来，长期没有正式教材。根据编者掌握的情况，直至今日，我国高校德语专业鲜少开设类似课程，而是以"经济德语""外贸德语"课程为主。

2020年11月3日，由教育部高等教育司指导、教育部新文科建设工作组主办的新文科建设工作会议在山东大学（威海）召开。会议研究了新时代中国高等文科教育创新发展举措，发布了《新文科建设宣言》，对新文科建设作出了全面部署。秉承"新文科"建设的时代精神，山东大学掀起了教材建设的热潮。在此背景下，总结教学经验，编写符合时代要求的《德汉应用文笔译理论与实践》一书便提上了议事日程。2021年初，我们主持申报的山东大学（威海）精品教材建设项目获批，建设周期为两年。2022年9月，山东大学本科生院提出"建设高水平本科生教材"，反映了学校对教材建设的高度重视。

《德汉应用文笔译理论与实践》一书由15章组成，第1章为德汉应用文笔译导论，主要从应用文的定义、中德应用文之分类、进行德汉一般应用文笔译的条件、利用网络资源服务于德汉应用文笔译以及翻译理论对德汉应用文翻译的指导作用来展开；第2章德语信函的格式及其他，重点是德国乃至德语国家的通信文化，比如德语信封的写法、德国邮政编码是怎样划分的、信件的构成与信面正文的排列方式、称谓与日期的写法、信的开头和结尾礼辞、信件里可能出现的常用缩略语及其他简短符号，以及德语国家的通信文化总结。当然，在讨论具体的问题时，也及时指出某种情况在德国、奥地利和瑞士是有差异的。第3章到第15章是本书的核心章节，内容上非常广泛，从出生与死亡（唁函）、从踏入校门到工作周年纪念、从成家立业到职场升迁、从私人信函到公函（工作证明）、从个人生活到对外贸易、从个人简历到感谢信。除了各种类型文章原文外，还增设了官方信函的文本特征及其翻译策略，工作证明、成绩单等的文本特征及其翻译策略，最常见外贸应用文的文本特征及其翻译策略等新内容。

本书具有以下特点：

在进行分析的同时，高度重视文本性。例如，对一份邀请信的分析，不再局限于内容，更多的是从格式、词汇、特殊表达、修辞视角、跨文化视角来分析。增加背景知识栏目。例如，新年贺卡的翻译，增设了背景知识，打破常规，融入课程思政。注重语篇视角，针对不同语篇类型探讨了其可能的翻译策略，还设计了相关的练习，避免了理论脱离实际。通过练习，学生和教师都可以检测学习效果。书后配有答案，便于自学。

此外，本教材特别重视相关应用文在中德跨文化交际领域的差异。在每一章讨论完某个主题后，会就与该主题相关的中德跨文化交际问题进行探讨。

本书的使用对象是我国高校德语专业本科生、高职高专德语专业学生以及外事外贸人员等。此外，书中列举了适合各种场景的德语应用文，也使得本教材具有作文范文的功能，能够做到一书多用。

我的德国朋友 Uwe Lanz 以及 Prof. Dr. H. Picht 回答了我们提出的有关问题，借此机会，向他们表示感谢。2019 级英德班的张帆、毛方、周淑蓉同学为本书的录入等做了很多工作，在此一并致谢。

最后，我们希望并深信《德汉应用文笔译理论与实践》一书能够为新时期我国高等学校德语专业德汉互译教学做出自己的贡献！

编者

2023 年 5 月 12 日

目 录

第1章　德汉应用文笔译导论 ··· 1
　　什么是应用文 ·· 1
　　中德应用文之分类 ··· 4
　　进行德汉一般应用文笔译的条件 ··· 5
　　利用网络资源服务德汉应用文笔译 ··· 7
　　翻译理论对德汉应用文翻译的指导作用 ·· 7
　　思考题 ··· 9

第2章　德语信函的格式及其他 ·· 10
　　德语信封的写法 ··· 10
　　德国邮政编码的划分 ·· 13
　　信件的构成与信面正文的排列方式 ·· 14
　　称谓与日期的写法 ·· 15
　　信的开头和结尾礼辞 ·· 16
　　信件中常用缩略语及其他简短符号 ·· 17
　　德语国家的通信文化总结 ··· 18
　　思考题 ··· 19

第 3 章 节日贺卡与贺信的文本特征及其翻译策略 ·········· 20
    贺卡 ·········· 20
    情人节贺信 ·········· 21
    元旦（新年）、中国春节贺信 ·········· 24
    受洗贺信 ·········· 26
    思考题 ·········· 29

第 4 章 生育、订婚、结婚、生日以及银婚贺信的文本特征及其翻译策略 ·········· 31
    生育贺信 ·········· 31
    订婚贺信 ·········· 34
    结婚贺信 ·········· 36
    生日贺信 ·········· 39
    银婚贺信 ·········· 41
    思考题 ·········· 43

第 5 章 入学、高中毕业、通过驾考、入职纪念、升职以及康复贺信的文本特征及其翻译策略 ·········· 45
    入学贺信 ·········· 45
    高中毕业贺信 ·········· 48
    通过驾考贺信 ·········· 50
    入职纪念贺信 ·········· 51
    升职贺信 ·········· 54
    康复贺信 ·········· 56
    思考题 ·········· 58

第 6 章 邀请信、应邀信与回绝信的文本特征及其翻译策略 ·········· 60
    邀请信 ·· 60
    应邀信 ·· 65
    回绝信 ·· 68
    思考题 ·· 70

第 7 章 感谢信与唁函的文本特征及其翻译策略 ························ 73
    感谢信 ·· 73
    唁函 ··· 75
    思考题 ·· 78

第 8 章 征婚交友广告及常见告示的文本特征及其翻译策略 ··········· 80
    征婚交友广告 ··· 80
    出生告示 ··· 82
    订婚告示 ··· 84
    结婚告示 ··· 85
    金婚告示 ··· 87
    生日告示 ··· 89
    思考题 ·· 91

第 9 章 讣告、出租与寻找房屋广告、出售物品广告以及求购请求的文本特征及其翻译策略 ··· 92
    讣告 ··· 92
    出租与寻找房屋广告 ··· 94

出售物品广告 …………………………………………………………… 96
　　求购请求 ………………………………………………………………… 98
　　思考题 …………………………………………………………………… 99

第 10 章　个人写给官方的正式信函的文本特征及其翻译策略 …………… 100
　　什么是个人写给官方的正式信函 ……………………………………… 100
　　个人写给官方的正式信函的文本特征 ………………………………… 102
　　个人写给官方的正式信函的翻译策略 ………………………………… 102
　　思考题 …………………………………………………………………… 104

第 11 章　工作（实习）证明、个人简历以及成绩单的文本特征及其翻译策略 … 105
　　工作（实习）证明 ……………………………………………………… 105
　　个人简历 ………………………………………………………………… 109
　　成绩单 …………………………………………………………………… 113
　　思考题 …………………………………………………………………… 116

第 12 章　应聘信函与应聘回复信函的文本特征及其翻译策略 …………… 118
　　应聘信函 ………………………………………………………………… 118
　　应聘回复信函 …………………………………………………………… 121
　　思考题 …………………………………………………………………… 124

第 13 章　常见外贸应用文的文本特征及其翻译策略之一：询价与报价 ……… 126
　　询价 ……………………………………………………………………… 126
　　报价 ……………………………………………………………………… 129

思考题 …………………………………………………………………… 134

**第 14 章　常见外贸应用文的文本特征及其翻译策略之二：下订单，订单之确认、
　　　　　　拒绝与撤销** ………………………………………………………… 136
　　订单 ……………………………………………………………………… 136
　　订单确认函、拒绝订货函 ……………………………………………… 139
　　订单撤销函 ……………………………………………………………… 145
　　思考题 …………………………………………………………………… 146

**第 15 章　常见外贸应用文的文本特征及其翻译策略之三：发货通知书、收货
　　　　　　确认书、付款通知及催付信** ………………………………………… 148
　　发货通知书 ……………………………………………………………… 148
　　收货确认信及付款通知 ………………………………………………… 151
　　催付信 …………………………………………………………………… 154
　　思考题 …………………………………………………………………… 159

参考文献 ……………………………………………………………………… 160

参考答案 ……………………………………………………………………… 162

第1章
德汉应用文笔译导论

什么是应用文

现代汉语里的"应用文",最早出现是在宋朝张侃的《拙轩集·跋陈后山再任教官谢启》[1],指的是"日常生活或工作中经常应用的文件,如公文、书信、广告、收据等"。

在现代德语里,同样存在"应用文"这个概念。有人用 Schriftverkehrskunde,有人使用 Musterbriefe 或者 normative Schreiben 等。根据 2019 年出版的第 9 版《杜登德语通用大词典》(Deutsches Universalwörterbuch 9. Auflage),德语单词 Schriftverkehr 指:Gesamtheit der im Schriftverkehr ausgetauschten Schreiben, Schriftstücke[2],翻译成汉语就是通信,书信往来。德语词 Schriftverkehrskunde 就是指书信往来之学问,通信学,应用文。

Musterbrief(Brief, der als Vorlage für andere Briefe dient[3]),样板信函,规范性通信,应用文。

---

[1] 李光:《应用文写作实用教程》,普通高等教育"十一五"国家级规划教材高职高专公共基础课教材系列,北京:科学出版社,2010 年版,第 5 页。
[2] Dudenredaktion. Deutsches Universalwörterbuch 9. Auflage. Berlin: Bibliographisches Institut, 2019, S.1589.
[3] Dudenredaktion. Deutsches Universalwörterbuch 9. Auflage. Berlin: Bibliographisches Institut, 2019, S.1251.

normativ（bildungssprachlich）: als Richtschnur, Norm dienend; eine Regel, einen Maßstab für etwas darstellend, abgebend①，翻译成汉语就是作为准绳、标准来使用的；对某事而言是一种规则、尺度。因此，德语表达 normative Schreiben 就指应用文，规范性的书面的东西。

由此可见，"应用文"这个定义在汉语和德语里是一致的，都是常见文体，作为规范来使用的文书、范文。

那么，"应用文"的具体特征是什么呢？我们可以把它归纳为三点：一是广泛性，二是实用性，三是格式性②。而且这三点在德语和汉语里都是一样的。

广泛性指的就是应用文涉及的面广、范围大，涉及日常生活或工作。就说收据，德语里叫 Abnahmebescheinigung, Quittung, Empfangsbestätigung，既有购买某一物品或餐馆吃饭的收据，也有某单位例如教学单位收到学生缴纳的学费之收据。收据举例：

图1.1　汉语收据

---

① Dudenredaktion. Deutsches Universalwörterbuch 9. Auflage[M]. Berlin: Bibliographisches Institut, 2019, S.1293.
② 黎东良，李香，吴明奇：《德汉一般应用文互译课程研究》，《中国大学教育》2015年第11期，第67页。

实用性指的就是应用文有实际使用价值，切合实用。以个人简历为例，我们每个人所写的简要的履历多用于求学或寻找工作或者对外介绍用，它的实用价值很强。个人简历举例：

教师个人简历样本

个人资料
姓名：　　　　　　　　　　　　　　　性别：
年龄：　　　　　　　　　　　　　　　学历：
教育背景
专业：
毕业学校：
学位：
技能专长
英语：CET 六级
计算机：良好

图1.2　教师个人简历样本

格式性指的是应用文必须具有一定的规格样式，例如：公文有公文的格式，书信有书信的格式。书信举例：

Tübingen, 14.01.2021

Liebe Frau Schnell,

wir sehen immer Ihre Show *Meine Familie und ich* und wir finden die Sendung ganz toll. Aber: Warum spricht immer nur eine Person und nicht die ganze Familie?

Wir möchten alle zusammen mitmachen. Wir, das sind: meine Geschwister, also mein Bruder Thomas und meine Schwester Tanja, dann unsere Eltern Theodor und Therese, unser Onkel Toni, unsere Tante Tina und natürlich ich, Torsten Troll.

Ach ja, unser Hund Tristan und unsere Katze Tiramisu möchten auch mitkommen. Wir haben alle ein Hobby: Wir machen gern Musik. Bitte laden Sie meine ganze Familie ein!

Mit freundlichen Grüßen

Torsten Troll

PS: Wir bringen unser Lied für Ihre Show mit.

最后，必须指出，经贸德语应用文还有它的专业性，因为它是以经济理论与实践为依据的。如索赔、下订单都是有外贸理论依据的。

从语言上看，无论是德语应用文还是汉语应用文，其语言一般要求就是准确、简明、得体与平实，汉语应用文尤其如此。如表1.1所示：

表1.1　本节内容总结

德汉应用文使用对象	机关团体、个人
德汉应用文使用目的	沟通、交流、处理对公对私事务
德汉应用文文体归类	实用性文章
德汉应用文特点	广泛性、实用性、格式性
德汉应用文语体特征	简短、准确、得体、平实

中德应用文之分类

无论是德语应用文还是汉语应用文，按使用功能和使用主体来划分，可以分为通用类应用文与专用类应用文。如下表所示：

表1.2　德语应用文大体分类

通用类	个人事务	对公事务和行政公文	通用事务
专用类	外贸司法类	财经科技类	外交军事

表1.3　汉语应用文大体分类

通用类	个人事务	行政公文	通用事务
专用类	外贸司法类	财经科技类	外交军事

在德语里，个人事务类，指的是因私事务，例如：私人信函、贺卡、贺信、工作周年纪念信、生育类与结婚类贺信、个人邀请信、回绝信、个人感谢信、唁函、慰唁函、个人广告。德语里的对公事务（公对私事务）与行政公文指的是成绩单、工作证明、学位证书、录取通知书等。通用事务指的是处理公务较多、处理私务为少的日常文书，例如大学生宿舍住房管理条例、图书馆管理条例、公函、声明、启示。

专门类的应用文指的是在某一领域使用的应用文，如外贸信函。本书里仅限于最常见的外贸信函，如询价、下订单、确认订单、拒绝订单、撤销订单、发货通知、收货确认信、索赔、延期支付信。

在汉语里，人们对应用文进行了很仔细的研究。个人事务类应用文指的是，处理个人事情的应用文，例如：私信、条据（收条、借条、领条等，这些在德语里没有或者极其罕见）、启示、讣告、声明等。

由于社会制度的不同，汉语里的公文，尤其是法定公文比较多。2012年4月16日由中共中央办公厅和国务院办公厅联合印发的《党政机关公文处理工作条例》规定了15种正式文种。

汉语里通用类的应用文，也有类似德语里的公对私的应用文，如成绩单、工作证明、学位证书、录取通知书；也有大学生宿舍住房管理条例、图书馆管理条例、公函、声明、启示。只是我们这个方面的分类视角不一样。最后，汉语里也有行业公文，例如：财经文书、科技文书、外交文书、司法文书、新闻文书与海关文书。

进行德汉一般应用文笔译的条件

1. 译者自身条件/译者的素质

我们认为，要顺利进行德汉一般应用文笔译，译者应当具备以下素质：

首先，译者必须具有高度的责任感。这种责任感既是对原文作者的，也是对翻译任务委托人的，还是对译文读者的。可以说，译者就是上述三位主人的一位"仆人"罢了。这里的任务委托者，可能是出版社，也可能是其他机构或者个人。在实际的工作中，有些机构或者个人只想大概了解一下文章或者信函的内容，并不力求全部详细翻译，这时，译者就要采取相应的翻译策略。

其次是外语能力。这里的外语能力指的是在听、说、读、写方面都应该达到精通的程度。例如，在公证合同文本里，德语短语 von Person bekannt，指的是公证师认识、知道某人，有人却把它翻译成"众所周知"，是不对的[①]。这也要求译者养成使用单语

---

① 黎东良：《德语公证合同的汉译》，《中国科技翻译》2006年第1期，第29页。

工具书的习惯；平时多注意词义的区分，尤其是词的文体色彩，因为德语是一门特别强调词汇风格的语言。不知道书面语与口语的区别，不知道用同义词或者近义词来改写句子，不知道使用语法手段来增强文体效果，不知道使用外来词的必要性与可能性，要翻译好和撰写德语信函，是困难的。

再次是母语能力。关于母语能力，已有很多论述[①]。母语能力之一应该是译文言简意赅，通俗易懂。例如，在翻译法律合同时，母语知识不够，外语知识再好，也不能圆满完成相应的翻译任务。

同时，一定的语篇知识是必不可少的。在篇章语言学里，语篇（Text）就是一种相互关联的，有其可以被认出的结构并是与其类型相适应的话语的组合体。篇章语言学者认为，语篇必须具有以下特征：衔接性（Kohäsion）、连贯性（Kohärenz）、意向性（Intentionalität）、可接受性（Akzeptanz）、语境性（Situationalität）、信息性（Informativität）、互文性（Intertextualität）。其中，衔接性和连贯性最为重要，这是实现其他特征的关键[②]。

最后是广博的知识。我始终认为译者必须具备广博的知识。这种知识并非限于自己的专业领域。以公证合同的翻译为例，不了解德国《民法典》（BGB）与《公证登记法》（Beurkundungsgesetz）是无法胜任这类合同的汉译工作的。

2. 外语工具书

为了顺利进行相关的德汉互译，我们既需要一般单语词典与双语或多语词典，也需要专业单语与专业双语或多语词典。此外，下列词典也是译者应该有的：

《新汉德词典》，1985，商务印书馆

《德汉词典》，1983，上海译文出版社

《德汉机电工程词典》，1989，机械工业出版社

Duden Deutsches Universalwörterbuch.2003. Dudenverlag

快译通电子词典

[①] 黎东良：《对我国大学外语教师专业素质构成的思考》，《高等教育与学术研究》2008 年第 11 期，第 55 页。
[②] 黎东良：《最新德语汉语对比语法》，天津：天津大学出版社，2006，第 301 页。

利用网络资源服务德汉应用文笔译

我们生活在一个网络化与全球化的时代，网络词源异常丰富。下面仅列一些相关网站，供学习者参考。

www.pda.org（英德词典）

www.mydict.com

www.dwds.de

Linguee 多语资源词典：www.linguee.com

德语外语词典：https://de.linguee.com

Glosbe 多语资源词典：https://zh.glosbe.com

术语在线：termonline

联合国文件系统：https://documents.un.org/prod/ods.nsf/home.xsp

语料库在线：http://corpus.zhonghuayuwen.org/

北京大学中国语言学研究中心：http://ccl.pku.edu.cn/corpus.asp

LIVAC 汉语共时语料库：http://www.livac.org/index.php?lang=sc

媒体语言语料库：http://ling.cuc.edu.cn/RawPub/

北京语言大学语料库：http://bcc.blcu.edu.cn/

中文语言资源联盟：http://www.chineseldc.org

北大法宝：https://www.pkulaw.com

中国译典专业领域平行语料资源：http://www.chinafanyi.com/wenku/index.asp

DictALL 词都：http://www.dictall.com

UTH 法律语料库：http://www.bilegaldoc.com

谷歌学术搜索：https://scholar.google.com/?oi=gsb&hl=zh-CN

Researchgate：https://www.researchgate.net

翻译理论对德汉应用文翻译的指导作用

20 世纪 70 年代，作为独立科学的翻译学正式成立[①]。翻译学有它的规律，只是有

---

① 曹佩升：《翻译学研究需要的理论思考和方法论指导——〈翻译学研究方法论〉述评》，《上海翻译》2016 年第 5 期，第 84 页。

时候我们在进行翻译时不太注意它罢了。我国资深翻译学家金隄先生在其与奈达合著的《论翻译》一书里明确指出：All translators, whether consciously or unconsciously, base their work on a certain theories of translation[①]. 这句话告诉我们，做翻译要有一定的理论指导。理论好比盖大楼的图纸，缺乏理论指导的翻译实践活动可能无法达到一定的高度，很难保证质量。在校大学生作为未来的学者，有必要在从事翻译研究工作之前获得系统的研究方法的训练与指导，熟悉翻译学研究工作的一般程序、操作技术与研究设计的方法，无疑会帮助他们在学术上健康成长。

在国外，例如在英国，学者 Gabriela Saldanha 和 Sharon O'Brien 曾于 2014 年出版了《翻译研究方法论》（Research Methodologies in Translation Studies）。

在德语国家，尤其是德国，翻译理论层出不穷。1971 年，德国学者凯瑟琳娜·赖斯（Katharina Reiss）在其《翻译批评：可能性与限制》（Translation Criticism: The Potentials & Limitations）里提出了功能论（Functional Approach）；接着，她的学生汉斯·弗米尔（Hans J. Vermeer）创建了目的论（Skopos theory）；贾斯塔·赫兹·曼塔利（Justa Holz Mänttäri）进一步发展了他的理论，区分了 translation 和 translational action。

到了 1997 年，克里斯蒂安·诺德（Christiana Nord）在其《目的性行为：分析功能翻译理论》（Translating As a Purposeful Activity: Functional Approaches Explained）梳理了本学派的理论，创造性地提出了"功能加忠诚"之原则，完善了功能翻译理论[②]。

很显然，翻译是一种跨文化活动，是一种有目的的行为，这一点是符合"目的论"的。该理论提出的三个翻译原则，即目的原则、连贯原则和忠实原则，分别指译文的交际目的，译文适于阅读的程度以及译文对原文的忠实程度。用德国翻译学派里的目的论来指导德汉应用文笔译不仅可行，而且符合实际需要，因为应用文具有非常强的目的性。为了更好地开展德汉应用文笔译，我们需要合适的理论作为指导，人们非常重视翻译理论的意义与作用也就不足为奇了。

2014 年 3 月 27 日，习近平总书记在联合国教科文组织总部发表演讲《文明交流互鉴是推动人类文明进步和世界和平发展的重要动力》时指出："文明因交流而多彩，

---

① Jin Di, Eugene A. Nida, *On Translation*（Beijing: China Translation & Publishing Corporation, 1994）, P. 15.
② 马梦晨：《目的论视角下的商业广告翻译策略研究》，《校园英语》2020 年第 2 期总第 524 期，第 251 页。

文明因互鉴而丰富。文明交流互鉴，是推动人类文明进步和世界和平发展的重要动力。"一般应用文是通信文化的一部分。德国的通信文化与中国的通信文化，有相同之处，也有不同的地方。在这里双方都有可以互相学习、相互借鉴的地方。

✓ 思考题

1. 将下列词组翻译成汉语。

Land und Leute, Sitten und Gebräuche, Bund und Länder, internationale Zusammenarbeit, Vereinte Nationen, Auswärtiges Amt, Ausländische Studierende

2. 将下列语词组翻译成德语。

欧盟，国际往来，经济实力，基础设施，社会保险，北大西洋公约组织

3. 将下列句子翻译成汉语。

a. Wie wichtig es ist, Brücken zu bauen und Mauern zu überwinden, zeigt das Gedenkjahr 2020 beispielhaft.

b. Ein kollektives Bewusstsein wird stets die Erinnerung lebendig halten, um den Herausforderungen der Zukunft gewachsen zu sein.

c. Eine Kulturgesellschaft braucht eine kritische Begleitung und den Dialog der Kulturen.

4. 将下列句子翻译成德语。

a. 我们真诚地邀请您参与其中，换一个视角，以拓展自己的视野。

b. 在这个曾经以宗教、哲学或其他传统体系为准绳的世界里，电影、广告和生活时尚现今已占据了意识供应商清单的前几项。

c. 现代社会的一个重要特征就是信息的快捷性。传统的信函越来越失去其意义。

第2章
德语信函的格式及其他

德语信封的写法

"信封"这个词在德语叫 Briefumschlag 或者 Kuvert。前者定冠词为阳性,可缩略为 Umschlag。后者来自法语,字母 t 可以发音或者不发音,这个词是地区用语,尤其用于奥地利和瑞士,定冠词为中性,若按德语发音,则其复数形式可以是假词尾 -s 或者 -e。在奥地利,这个词只按法语发音。注意,这个名词可以有一个动词 kuvertieren,指"给什么套上一个信封",Schecks konvertieren 就是把支票用信封装上。这可以说是德语国家交际文化之一,即便是购买火车票,售票方都会为顾客提供一个信封装车票。

图2.1　德国的信封

德语国家的信封都是标准化了的，均由机器生产，其颜色多为浅灰色或者白色的。

那么，在德语里，信封的正面怎么说呢？信封的正面 Vorderseite des Umschlags，信封的背面 Rückseite des Umschlags。怎样写信封地址，也就是收件人（Adressat, Empfänger）和寄件人（Adressant, Absender）的通信地址呢？这里仅列举几种常见的写法。顺便说一下，Adressant 以及 Adressat 都来自拉丁语，用得很少，尤其是 Adressant。

常见的通信地址写法，基本分为两大类情况。一是人在德国，给在德国的朋友、机构写信，如何写通信地址；二是人在德国之外，给在德国境内的朋友或者机构写信，又该如何写通信地址。

先谈第一类情况。根据不同收信人可分为三种写法。

首先，假如是给朋友写信，其信封正面的地址就可以写成如下格式（手写地址一般居中）：

  Herrn Dr. Hans Schmidt

  Holunderweg 9

  22453 Hamburg

这里的格式就是：

  Herrn/Frau/Fräulein ＋ Vorname ＋ Nachname

  Straßenname

  PLZ Post legit zahl ＋ Ort

其次，给某某公司的某人写信，也就是由公司或者公司某部门转交，其地址写法如下（手写地址一般居中）：

  Lang-Verlag Personalabteilung

  z. H. Herrn Kobel

  Max-Ernst-Straße 13

  80800 München

这里的格式就是：

Firmenname od. Firmenname + Abteilungsname

z. H. /z. Hd: Herrn/Frau/Fräulein + Nachname

Straßenname

PLZ + Stadt

注意：z. H. 也就是 zuhanden, zu Händen von Herrn/Frau/Fräulein X Y 的意思。也可以写成：z. Hd.

最后，若收信人是房客，则写成：

Stephan Müller

c/o Herrn Dr. Hans Schmidt

Holunderweg 9

22453 Hamburg

c/o 的意思是 care of，这里的意思是"烦请 Stephan Müller 把信转交给 Dr. Hans Schmidt 先生"。

如图 2.1 所示，该信封是左下角开了一扇小窗，那么收件人的地址不能居中，只能在左下角。这种信件往往是商业机构给客户写的。私人信函则没有左下角开小窗的。

再谈第二种情况。与第一种情况有所区别的是在邮政编码（Postleitzahl, 缩写为 PLZ）前面会加大写字母 D（Deutschland）或 A（Österreich）或 CH（die Schweiz）表示不同地区。

举例：

```
Franz Rister
Elektrogrosshandlung
Industriestrasse 10-12
CH-3052 Zollikofen


                        Lang-Verlag Personalabteilung
                        z. H. Herrn Kobel
                        Max-Ernst-Straße 13
                        D-80800 München
```

图2.2　信封地址写法示例

常见的信封背面写法。虽说德国，乃至德语国家信封是标准化的，但是，这种信封也是有大小之分的。小的信封正面一般只写上收信人的地址，寄信人的地址则写在信封背面。这时会在寄信人名字前写上缩略语 Abs.，举例：

  Abs. Herrn Dr. Hans Schmidt

     Holunderweg 9

     22453 Hamburg

常见的信封地址的混合写法。假如信封足够大，就像上面的例子那样，我们是可以把寄信人和收信人的地址都写在信封的正面的。这种书写通信地址的方法，就是混合写法。具体的做法是，寄信人的地址在左上方，收件人的地址在中间偏下一点的地方：

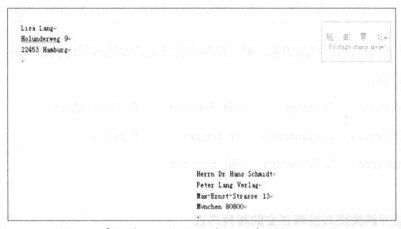

图2.3 寄信者地址与收信者地址在信封正面示例

总之，德语信件的地址都是采用第四格的形式。假如收信人有博士（Doktortitel）或硕士头衔（Diplomtitel），也要在写地址时带上其相应的缩略形式 Dr. 或者 Dipl.

德国邮政编码的划分

邮政编码是德语国家通信时必备的信息。

德国的邮政编码由 5 个数字组成，其中，前两个数字代表联邦州或城市，后三个数字代表城市地区。例如，汉堡的邮政编码号段为 20000—22757，其中 22453 指汉堡的 Groß Borstel 城区。

下面是德国几个大城市的邮政编码：

10000: Berlin	20000: Hamburg	30000: Hannover
40000: Düsseldorf	50000: Köln	60000: Frankfurt a. M.
70000: Stuttgart	80000: München	89000: Augsburg

表2.1　德国16个联邦州的全称及其缩略语列表

州	缩略语	州	缩略语	州	缩略语	州	缩略语
Brandenburg	BB	Hamburg	HH	Baden-Württenburg	BW	Mecklenburg-Vorpommern	MV
Berlin	BE	Sachsen	SN	Bremen	HB	Thüringen	TH
Sachsen-Anhalt	ST	Rheinland-Pfalz	RP	Niedersachsen	NI	Hessen	HE
Bayern	BY	Saarland	SL	Schleswig-Holstein	SH	Nordrhein-Westfalen	NW

国家代码是表示现有的国家、独立机构或特殊地理政治区域的名称代码。部分欧洲国家代码举例：

A: Österreich	B: Belgien	CH: Schweiz	D: Deutschland
DK: Dänemark	F: Frankreich	H: Ungarn	I: Italien
N: Norwegen	S: Schweden	SF: Finnland	

信件的构成与信面正文的排列方式

信内寄（收）信人的地址写法

我们给某公司写一封商务信函，按德国工业标准（DIN）5008 的规定，是有很多技术上的要求的，比如，信内寄件人的地址不能顶格写，开始处必须距离左侧信签 24.1 毫米，且必须在高度为 50.8 毫米的正方形里写完。收件人的地址的开始处也必须距离左侧信签 24.1 毫米，且必须在高度为 63.5 毫米的正方形里写完。

信内日期，距离右侧信签边缘至少 8.1 毫米。"事由"栏开始处必须距离左侧信签 24.1 毫米，且必须在高度为 114.3 毫米处开始写。

根据上述的德国工业标准，在寄信人地址和收信人地址之间，要空三行；收信人地址到对方的来信缩略符号处，也要空三行；对方的来信缩略符号到事由栏，要空两行；事由栏到称呼语处，要空两行；每段之间，要空一行。

信纸最顶端到己方电话号码处距离为 101.6 毫米。以上信息和数据就是德国工业标准 5008 关于信纸布局的规定。[①]

总之，信内可以写的有寄件人与收件人的通信地址、日期、事由、正文、签名和附件。假如通信双方是熟人朋友，双方地址、事由栏都是选填的。

信面正文的排列方式

一般说来，最重要、最常见的就是完全框行排法（Ganzblockform），也就是全部居左对齐。例如，上述（DIN）5008 就是如此。这种排列法被广泛认可，从德国德语教材 *Passwort Deutsch*, *Aspekte neu*, *Berliner Platz* 到德国出版的 *Geschäftskommunikation Besser Schreiben*，可见一斑。

称谓与日期的写法

我们写信就要使用称谓词 Herr, Frau, Fräulein 等。但是，这些称谓词不能简写成：Hr., Fr., Frl.。其中，Frau 这个词既用于已婚女性，也用于单身女性，而 Fräulein 则是一个旧的表达，用于表达未婚女性，较少使用。

关于日期（Datum）的写法。关于日期的标注，是有分歧的。例如，上述（DIN）5008 里的样信日期地点就在收信人地址下三行右侧，距离右边距至少 8.1 毫米。有的书上说日期位于收信人地址第一行或者最后一行右侧，并不是在其下面。根据（DIN）5008（ISO）标准，日期的排列顺序是：2021-09-06。但是，在德国，典型的排列方式还是06.09.2021。

最后，在书写日期时，假如双方都不在一个城市，把城市写在日期前是必须的，例如 Weihai, 06.09.2021，否则，在德语教材 *Passwort Deutsch* 里会被认为是错误的。

---

① Axel Hering, Magdalena Matussek, *Geschäftskommunikation Besser Schreiben*, (Ismaning: Hueber Verlag, 2007), S.6.

信的开头和结尾礼辞

现代社会是一个追求高效率、守时、重契约的社会。信函根据读者的对象之不同，可分为正式（formelles Schreiben）和非正式信函（informelles Schreiben）。这里仅介绍几种常见的信函开头和结尾的表达。列表如下。

表2.2 正式信函的开头和结尾

收信人	开头	结尾	备注
公司、陌生人	Sehr geehrte Damen und Herren,	Mit freundlichen Grüßen	Mit freundlichem Gruß 也是可以的，但少见
一位不知姓氏的已（未）婚女性	Sehr geehrte Dame,	Mit freundlichen Grüßen	同上
一位不知姓氏的男性	Sehr geehrter Herr,	Mit freundlichen Grüßen	同上
一位认识的人，不熟悉	Sehr geehrte Frau Klein, Sehr geehrter Herr Maier,	Mit freundlichen Grüßen	同上
一位有职位或官衔的人	Sehr geehrter Herr Prof. Picht, Sehr geehrter Herr Konsul,	Mit freundlichen Grüßen	Hochachtungsvoll, 则老掉牙了

表2.3 非正式信函的开头和结尾

收信人	开头	结尾	备注
一位已知姓氏的人	Lieber Herr Maier, Liebe Frau Maier,	Herzliche Grüße Ihr(e)	开头也可：Guten Tag Herr/Frau Maier,
一位知道其人名的人，不一定是朋友	Liebe Lisa, Lieber Hans,	Herzliche Grüße dein(e)	
一位男、女朋友	Liebe Rudi, Liebe Susi,	Herzlichst dein(e)	结尾也可：Alles Liebe

注意：在瑞士，信件开头后面的逗号，可以省去，如 Lieber Herr Maier。在德国和奥地利，在信件开头的下一句首字母应小写，在瑞士则应大写。

举例：

Lieber Herr Maier,

das Buch ist inzwischen erschienen...

Lieber Herr Maier

Das Buch ist inzwischen erschienen...

最后，在瑞士的单词拼写中没有字母 ß，一律用 ss。

信件中常用缩略语及其他简短符号

在日常通信时，人们会使用一些缩略语。最常见的缩略语有：

表2.4 常见德语缩略语一

Abs.	Absender	ff.	folgende
ABT.	Abteilung	lfd.	laufend
allg.	allgemein	Nr.	Nummer
bzw.	beziehungsweise	ppa.	per prokura
ca.	circa,etwa	usw.	und so weiter
einschl.	einschlieBlich	usf.	und so fort
evtl.	eventuell	vgl.	vergleiche

表2.4 常见德语缩略语二[1]

a.D.	außer Dienst	s.o.	siehe oben
h.c.	honoris causa(ehrenhalber)	s.u.	siehe unten
i.A.	im Auftrag	u.Ä.	und Ähnliches
i.Allg.	im Allgemeinen	u.g.	unten genannt
i.V.	in Vertretung/in Vollmacht	v.H.	von Hundert
m.E.	meines Erachtens	v.T.	von Tausend
m.W.	meines Wissens	z.B.	zum Beispiel
o.a.	oben angegebene	z.T.	zum Teil

---

[1] Jutta Sauer, *Praxishandbuch Korrspondenz*（Wiesbaden: Gabler, 2008）, S. 30.

假如我们给朋友写信，一般不会有什么简短符号（Kurzzeichen）和附注（Vermerke）。但是，假如我们第一次给大使馆或者生意伙伴写信或者对方收到我方的来信后回信时，他们就会使用 Unser Zeichen, Ihr Zeichen。

另外，在公函或者商业信函里，在信的末尾会出现缩略语 i.A. 或者 i.V.。缩略语 i.A. 是 im Auftrag 的缩写，表示本信件的签字者没有实际权力，信件的内容只是转述他人的意思。相反，i.V. 则指 in Vertretung，表示本信件的签字者全权代表公司或者机构或者代替某人签字。

最后，在某些信函里会出现 PS，Anl. 等缩略语。PS 往往用在非正式信函里，意思是"又"，对信函内容进行补充；Anl. 指"附件"。还可能会出现 Kopie 或者 Kopie an，指的是把本信件复印给某人，以便相关人员知道本信的内容。

德语国家的通信文化总结

上面我们详细讨论了德国及其他德语国家的通信文化。简单地说，其核心有以下几点：

一，使用标准信封，邮寄前封信时，寄信人一般使用胶封。

二，私人或机构在书写地址时通常通过盖章代替手写信封上的地址。随着时代发展，现在普遍使用机打地址。

三，使用蓝色印泥来书写地址或者在信内盖章是常规做法。在德语国家，没有使用红色印泥的。

四，德国乃至德语国家和西方，信件写完后必须本人署名。没有签字的信，不具有法律效力。按照要求，应在信件末尾给出机打的名字并签名，若寄件人和信件的签字人是同一个人，则机打的名字可以省去。

思考题

1. Wo sind die Universitäten unten?

   a. Ruprecht-Karls-Universität Heidelberg

   　D-69000 Heidelberg

   b. Karl-Franzens Universität Graz

   　A-8010 Graz

   c. Universität Freiburg

   　CH-1700 Freiburg

2. 有人说中德通信文化没有什么差别。你是怎么看的？

3. 新学期开始了，你第一次选修Maier教授的德国文学课。由于你的机票出了问题，无法到校，请你给教授写信，说明原因。

第3章
节日贺卡与贺信的文本特征及其翻译策略

贺卡

背景知识

贺卡，在汉语里指"祝贺亲友新婚、生日或节日用的纸片，一般印有祝贺文字和图画。[1]"

德语里的 Grußkarte（问候卡片）指 Karte, mit der jmd. jmdm. einen Gruß schickt[2]。翻译成汉语就是：用于向某人表达问候的卡片。德语里还有一个 Glückwunschkarte，相当于汉语的"贺卡"，指 Karte mit einem（vorgedruckten）Glückwunsch[3]。

当然，德语里贺卡可以结合具体的节日，有不同的表达，例如 Neujahrskarte（圣诞贺卡），指 Glückwunschkarte mit Neujahrsgrüßen und-wünschen[4]。但是，Grußtelegramm（贺电），现在没有人使用它。

下面我们来看一则德语贺卡。

---

[1] 中国社会科学院语言研究所词典编辑室：《现代汉语词典》第7版，北京：商务印书馆，2016，第530页。
[2] Dudenredaktion, Deutsches Universalwörterbuch 9. Auflage, Berlin: Bibliographisches Institut, 2019, S.780.
[3] Dudenredaktion, Deutsches Universalwörterbuch 9. Auflage, Berlin: Bibliographisches Institut, 2019, S.753.
[4] Dudenredaktion, Deutsches Universalwörterbuch 9. Auflage, Berlin: Bibliographisches Institut, 2019, S. 1281.

> Ein glückliches und frohes Neujahrsfest
>
> wünscht
>
> Dietlind Wünsche

我们首先来对这张圣诞贺卡进行分析。从格式上看，是左对齐；从语法上看，本贺卡采用现在时；从修辞角度上看，它使用了反语序（Inversion），把重要的成分放到句首，起强调作用。反语序既是语法手段，也是修辞手段。从词汇的使用上看，它使用高度的情景相关性（hoch situationsbezogen）词汇，也就是说，与节日相关，所用形容词精当洗练。那么，我们怎样把该贺卡文本翻译成汉语呢？有人是这么翻译：

一个幸福、快乐的新年祝贺 Dielind 愿望们。或者 Dietlind 愿望祝贺一个幸福吉祥的新年。

这两种翻译翻译都是有问题的。首先，第一种翻译，是典型的按语序直译，译文佶屈聱牙；难道新年这个节日变成了人，祝贺他人？第二种译文虽然强一些，但也是问题不少。这表现在，译者不了解德国的姓名文化，Wünsche 不一定就是愿望，它也可能是姓氏。实际上，Dietlind Wünsche 是寄件人的姓名。姓氏 Wünsche，其变体为 Wünscher。根据新华社编写的《德语姓名译名手册》，Wünsche 可以翻译成温舍，Wünscher 则可以翻译成温舍尔，Dietlind 翻译成迪特林德。

前面我们提到了翻译目的论，其核心就是以译文功能为取向。这里，我们要转达的是寄信人对收信人的圣诞祝愿，我们可以把它翻译成：

迪特林德·温舍谨祝您新年快乐，幸福平安！

汉字"谨"有"郑重地"之意，frohes Neujahrsfest 是"新年快乐"的意思，那么，glückliches Neujahrsfest 可译为"幸福平安"。

总之，我们在翻译贺卡时要具体问题具体分析，切勿盲目照搬。

情人节贺信

背景知识

贺信就是德语的 Glückwunschschreiben。这个词在德语里指 Schreiben, in dem man

Glückwunsch ausspricht①。发送贺信，可以是针对某一节日发的，也可以是针对某一活动发的。总之，写贺信是常见的，同时，有用于不同场合、情况的贺信。

首先让我们来看两则情人节贺信。

情人节在德语里叫 Valentinstag，《杜登德语通用大辞典》是这么解释这个词的：Valentinstag, als Tag der Liebenden gefeierter Tag, an dem man kleine Geschenke, Kartengrüße o. Ä. austauscht②. 翻译成汉语就是"作为相恋者的日子被庆祝的节日，在这一天，恋人们会交换小礼物和贺卡。"

今天，情人节已经成为恋爱中的男女以及已婚伴侣共同庆祝的一个国际性节日。

Hamburg, 14.2.2022

Liebe Lena!

Heute wird der Tag der Liebenden gefeiert. Ich bin unendlich glücklich und dankbar, ihn mit Dir verbringen zu dürfen. Bevor ich Dich kennengelernt habe, hätte ich niemals gedacht, einmal so sehr und bedingungslos lieben zu können. Du stellst den Sinn in meinem Leben.

Ich liebe Dich.

Dein *Gerd*

Bonn, 14.2.2022

Lieber Jens,

Ich danke Dir für die bisherige zusammen verbrachte Zeit!

---

① Dudenredaktion, Deutsches Universalwörterbuch 9. Auflage, Berlin: Bibliographisches Institut, 201
Dudenredaktion, Deutsches Universalwörterbuch 9. Auflage, Berlin: Bibliographisches Institut, 2019, S.736 .

② Dudenredaktion, Deutsches Universalwörterbuch 9. Auflage, Berlin: Bibliographisches Institut, 201
Dudenredaktion, Deutsches Universalwörterbuch 9. Auflage, Berlin: Bibliographisches Institut, 2019, S. 1902.

> Aber ich bin Dir nicht nur dankbar, ich kann nicht nur dankbar sein. Meine Gefühle gehen viel weiter für Dich, so dass Dankbarkeit nur ein kleiner Teil davon ist.
>
> Ich will, dass es Dir gut geht und dafür würde ich selbst mein letztes Hemd geben.
>
> Ich liebe Dich über alles.
>
> Deine *Maja*

情人节贺信的文本特征

这两篇情人节贺信，从格式看，都是左对齐；从语法上看，都是使用现在时或者说使用现在时居多；从语言上看，口语化的表达比较多；从词汇上看，都是与特定场合高度关联；从语气上看，有虚拟式，表示非现实性。

情人节贺信的翻译策略

这种贺信以表达感谢为主，祝贺是次要的，目的是增进爱情，不妨直译。这里仅讨论第一封信的翻译。

参考译文

亲爱的莱娜：

　　今天是庆祝情人节的日子。能跟你一起度过这个节日，我由衷感到幸福，并真心感谢你。在我认识你之前，我从未想过能如此深深地、且无条件地爱（一个人）。是你让我的生命充满意义。

我爱你！

你的　盖尔特

2022 年 2 月 14 日于汉堡

与此相关的中德跨文化交际问题

在情侣的信函里，甜言蜜语、充满爱意的言辞是常见的。在这类德语信函里，大写与对方相关的指示代词或者物主代词是常规做法，也表示礼貌。

必须指出的是，汉语里的贺信、贺卡之结尾，视写信者年龄、地位之不同，可以采取不同的结尾礼辞。

元旦（新年）、中国春节贺信

背景知识

一般来说，在德国、日本等国，元旦（Neujahr）就是新年，也是公众假期。在这一天，联邦总理会在电视里发表 Neujahrsansprache（新年献词）。

向房东祝贺新年信函举例：

Hamburg, den 23. Dezember 2021

Sehr geehrter Herr Müller,

Ihnen und Ihrer Familie wünsche ich für das kommende Jahr alles Gute und viel Glück. Als Ihre langjährigen Mieter dürfen wir Ihnen gleichzeitig für das Verständnis danken, dass Sie alle unseren kleineren und größeren Wünsche entgegenbrachten.

Wir fühlen uns unter Ihrem Dach wohl und hoffen, dass es noch lange so bleiben wird. Möge Ihnen vor allem Ihre bewundernswerte Schaffenskraft im nächsten Jahr und darüber hinaus voll erhalten bleiben.

Mit freundlichen Grüßen

Ihr *Hans Klein*

向亲朋祝贺中国新年（春节）举例：

Bonn, 20.1.2021

Liebe Frau Li,

Ihnen und Ihrer Familie möchte ich anlässlich des vor der Tür stehenden chinesischen Neujahrs- und Frühlingsfestes meine besten Wünsche senden. Ich denke noch oft und sehr gern an meine kurze Zeit in Weihai – und auch an die Bekanntschaft mit Ihnen zurück.

Ich bitte Sie heute um dieErlaubnis, Ihnen heute einige Bücher zu schicken. Es würde mich sehr freuen, wenn Sie unter ihnen etwas finden würden.

Ich hoffe, dass Sie und Ihre Töchter gesund sind.

Es grüsst Sie herzlichst

Ihre *Monika Mayer*

元旦（新年）、中国春节的贺信的文本特征

这类文本具有以下特征：

结构上直接写明来信目的，表示祝贺，感谢收件人所提供的帮助；接着表达请求或者祝愿。从语法上看，绝大多数都是使用现在时，表示过去的才使用过去时。从语言上看，尽量使用书面语，比如 alle unseren kleineren und größeren Wünsche entgegenbringen, bewundernswerte Schaffenskraft, anlässlich , jmdn. um die Erlaubnis bitten。

语气（Modus）是一种叙述方式，随着说话人意图之不同，动词要采用不同的形式。德语里有三种语气：陈述事实的直陈式（Indikativ），提出请求或命令的祈使或命令式，表示主观愿望或假设情况的虚拟语气。① 从语气上看，一般使用直陈式，但是，有时也使用虚拟式，比如用第一虚拟式表示祝愿，这也是第一虚拟式的用法之一。

从词汇的角度上看，也是与特定场合高度关联，比如 Neujahrs- und Frühlingsfest。从格式看，都是左对齐。

元旦（新年）、中国春节的贺信的翻译策略

这类贺信适合采用直译的方法翻译成汉语，因为它是真情的流露，并无虚假或者飘忽不定的成分在里面，其目的是要表达祝愿与感恩。

参考译文

下面是上述第一封贺信的参考译文：

---

① 黎东良：《常用德语英语对比语法》，上海：同济大学出版社，2013，第213页。

尊敬的米勒先生：

谨祝您和家人在新的一年里万事胜意，好运连连。同时，请允许我们作为您的长期房客对您（多年来）满足了我们大大小小的愿望，对您的理解表示衷心的感谢。我们在您这里感到很舒适并希望这种情况能够长期维持下去。

尤其祝愿您旺盛的创造力在下一年以及未来岁月能够继续保持下去！

即颂岁禧

您的汉斯·克莱因（签字）

2021 年 12 月 23 日于汉堡

与此相关的中德跨文化交际问题

中国的元旦并不是春节。中国的春节，它是家庭团聚之节，是最重要的节日[①]。元旦在德国是非常重要的节日，一年的鞭炮必须在新年之际的 1—3 日放完。我们给亲朋写信表示祝贺，比较少见；给房东写信，似乎不可能，因为我们没有这个习惯。烟花也是德国文化的一个重要组成部分。

受洗贺信

背景知识

在德国，洗礼（Taufe）是重要的节日之一，且重要性位于第一次参加圣餐仪式（Erstkommunion）、天主教坚信礼（Firmung）和新教坚信礼（Konfirmation）等之前。

根据《杜登德语通用大词典》，Taufe 指（1）Sakrament, durch das man in die Gemeinschaft der Christen aufgenommen wird[②]。由此可知，它是基督教的圣（洗）礼，通过该仪式把某人接纳进基督徒集体中去。（2）Ritual, bei dem ein Geistlicher die Taufe spendet, indem er den Kopf des Täuflings mit geweihtem Wasser besprengt oder begießt oder

---

① 黎东良：《中德跨文化交际理论与实践》，上海：同济大学出版社，2012，第 141 页。
② Dudenredaktion, Deutsches Universalwörterbuch 9. Auflage, Berlin: Bibliographisches Institut, 2019, S. 1773.

den Täufling in Wasser untertaucht, 也就是说：在进行洗礼仪式时，一位神职人员会把圣水浇或者喷洒在受洗者的头上，或者把受洗者浸入圣水里受洗，以表示赦免入教者的"原罪"和"本罪"，并赋予"恩宠"和"印号"，使其成为教徒。因此，就有了"受洗庆祝（die Tauffeier）"，这时，受洗者（往往是小孩），就会得到一个正式的名字。

例一：

Bonn, den 13. April 2022

Liebe Taufeltern,

zu der schönen Feier, die Ihr am Sonntag begeht, sende ich Euch herzliche Glückwünsche. Ich werde in der Kirche sein und für den Täufling beten.

Mit den besten Wünschen

Ihr *Hans Meier*

例二：

Bonn, den 12. April 2022

Liebe Renate,

lieber Michael,

mein lieber Neffe wird getauft. Herzlichen Glükwünsch! Ich freue mich schon auf diesen schönen Tag und hoffe, dass die Verwandtschaft vollzählig erscheint.

Eure *Julia*

受洗贺信的文本特征

结构上看就是开门见山，表示祝贺；接着，要么说自己会在教堂并为受洗者祈祷，要么说自己很期待这一天，并希望亲戚都能够全部出席侄子的受洗仪式。

从语法上看，其时态都是现在时，语气为直陈式，语态上可能出现被动态。整封信写得非常亲切。

在拼写上，也就是在表达尊敬方面，大写 euch 的第一个字母：Euch。
词汇上，也是与节日高度相关：Taufeltern, Täufling, getauft。

受洗贺信的翻译策略

这样的信件，可以采用直译的策略。

参考译文

例二的参考译文如下：

亲爱的莱纳特，亲爱的米歇尔：

我的可爱的侄子将要受洗了。我在此表示衷心的祝贺！我已经很期待这个美好的日子并希望亲戚们都能够出席。

你们的尤利娅

与此相关的中德跨文化交际问题

中国没有这样的节日。德国的受洗祝贺很重要，特别是对福音教徒来说。

中德两国虽然相隔万里，但是，在节日文化方面，还是有相似的地方。比如迎新年都会燃放鞭炮；过节都是家人要团聚的日子。文化的相似性有助于互联互动。以至于歌德说："人们（中国人）的思想、行为和情感几乎跟我们一个样，我们很快会觉得自己跟他们是同类，只不过在他们那里一切都更加明朗，更加纯净，更加符合道德。"①

---

① 歌德：《歌德谈话录》，杨武能译，北京：北京燕山出版社，2009，第128页。

思考题

1. 分析下列新年贺卡的特点，并翻译成汉语。

表3.1 海德堡大学贺卡示例

Allen Alumni und Freuden der Universität Heidelberg
wünschen wir ein gutes neues Jahr.
We wish all Alumni and Friends of Heidelberg University
A Happy New Year.
Bernhard Eitel　　　　　　Silke Rodenberg
Prof. Dr. Dr. h.c. Bernhard Eitel　　Silke Rodenberg
Rektor Universität Heidelberg　　Heidelberg Alumni International

2. 分析下列贺信的特点，并翻译成汉语。

Sehr geehrter Herr Schmidt,

zum bevorstehenden Fest darf ich Ihnen und Ihrer sehr verehrten Gattin die besten Wünsche übersenden. Möge Ihnen auch das kommende Jahr weiterhin Gesundheit, Glück für alle Ihre Pflicht und schöne geschäftliche Erfolge bringen. Auch meine Frau schließt sich diesen Wünschen an und bittet, sich Ihrer Gattin freundlichst zu empfehlen.

Ihr sehr ergebener Wang Qiang

（Unterschrift）

3. 分析下列新年贺信的特点，并翻译成汉语。

Lieber Herr Müller,

für das kommende Jahr wünsche ich Ihnen, dass der geschäftliche Erfolg der vergangenen

Zeit anhält oder womöglich noch steigern lässt. Für Sie und Ihre Familie soll das neue Jahr gleichzeitig viel Glück, Gesundheit und Wohlergehen bringen. Meine Frau schließt sich diesen Wünschen aufs herzlichste an.

Mit aufrichtigen Grüßen

Ihr Hans Krüger

（Unterschrift）

4. 分析并翻译下列贺信。

Bonn, den 12. April 2022

Liebe Oma,

lieber Opa,

wir wünschen Euch einen frohen Karfreitag.

Genießt den Frühling und lasst Euch die Sonne ins Gesicht scheinen. Wir würden es auch gerne tun, aber bei der Büffelei fürs Examen bleibt leider keine Zeit dafür.

Herzliche Karfreitaggrüße

Euer *Jens*

第4章
生育、订婚、结婚、生日以及银婚贺信的文本特征及其翻译策略

生育贺信

背景知识

生儿育女是人生大事。汉语里的成语人丁兴旺、多子多福、后继有人、子孙满堂、儿孙绕膝、天伦之乐、福荫子孙等表示后人多,是褒义的。在德国、瑞士、甚至整个西方,白鹳被认为是送子鸟、吉祥鸟。白鹳还是德国的国鸟。根据传说,白鹳落在谁家,谁家就会幸福美满。故在德国乡下,人们经常可以看到不少村民在自己屋顶的烟囱上搭着一个平台,以便白鹳来筑巢。

针对亲朋好友添丁的喜事写贺信,是很常见的。写信者可以是祖父母或其他亲属,当然也可以是与生育方保持友好关系的家庭。这里选择了三个与 Lisa 和 Max 夫妇具有不同程度的亲友关系的人写给他们夫妇的信,以祝贺他们为家族添丁。

Lisa 哥嫂的来信:

Bonn, den 12. Juni 2021

Liebe Lisa, lieber Max,

wir freuen uns mit Euch über die Geburt Eures Sohnes.

Herzlichen Glückwunsch!

Hoffentlich hast Du, liebe Lisa, die Anstrengungen der Geburt schon vergessen. Vielleicht dürfen wir Euch bald sehen. Wir sind schon so gespannt auf den kleinen Thomas. Bitte teilt uns mit, wann Euch unser Besuch willkommen ist.

Alles Gute für Euch drei

Annemarie und *Jens*

孩子的姑姑 Julia 的来信：

Köln, den 14. Juni 2021

Liebe Lisa,

lieber Max,

nun ist er also da, der kleine Thomas. Wie ich mich freue! Einen Stammhalter habt Ihr Euch doch gewünscht.

Du, liebe Lisa, solltest Dich jetzt von meinem Brüderchen verwöhnen lassen. Du hast Dir doch einige Tage freigenommen, lieber Max?

Bitte schickt mir doch bald einige Fotos von meinem kleinen Neffen.

Alles Liebe und Gute, und lasst bald von Euch hören.

Eure *Julia*

熟人 Uwe Weber 写来的贺信：

Bonn, den 13. Juni 2021

Liebe Familie Schmidt,

herzliche Glückwünsche zur Geburt Ihres Sohnes und beste Wünsche für die ganze Familie.

Ihr *Uwe Weber*

第4章　生育、订婚、结婚、生日以及银婚贺信的文本特征及其翻译策略

生育贺信的文本特征

这类贺信结构上的一个共同特征就是说明来信的理由或者祝贺的理由，例如 wir freuen uns mit Euch über die Geburt Eures Sohnes，再就是视亲密的程度，写一些非常人性化的话语，例如 Du, liebe Renate, solltest Dich jetzt von meinem Brüderchen verwöhnen lassen；接着表达自己的希望，例如想去拜访对方，Bitte teilt uns mit, wann Euch unser Besuch willkommen ist. 最后是结尾礼辞，Alles Liebe und Gute, und lasst bald von Euch hören.。

从语法的角度看，这类应用文，时态上多用现在时，语气上多用直陈式，词汇上与场景高度切合。

生育贺信的翻译策略

由于这里信函都是真情流露，可直译。

参考译文

这里是第一封信的参考译文：

亲爱的丽莎，亲爱的马克斯，

我们同你们一样为贵公子的到来感到由衷的高兴。

衷心地祝贺你们！

但愿你，亲爱的丽莎，忘记了分娩的痛苦。或许我们很快可以去看你们？我们现在已经非常急切地想看到小托马斯。烦请你们告诉我们，何时去拜访你们比较合适。

祝你们一家三口万事胜意！

安娜玛丽和岩斯（签字）

2021 年 6 月 12 日于波恩

与此相关的中德跨文化交际问题

这种贺信在德国很常见。在中国，我们主要是去家里探望或者去医院看望，写这样的信很少见。

订婚贺信

背景知识

德语里有一个谚语：Aus Kindern werden Leute, 意思是孩子也有长大的一天。恋爱、订婚（Verlobung）都是人生大事。海枯石烂同心永结，地阔天高比翼齐飞。一般认为，订婚的重要性不亚于婚礼。在中国，订婚的礼节很多，很讲究：一是下聘礼。在定亲当天，男方会和自己的亲朋好友以及媒人带着聘礼，一起前往女方家中。这个聘礼包含礼金和送女方的礼品，礼金要是双数比较吉利。二是双方亲友见面。三是女方收男方聘礼。四是准新人敬茶。准新人亲自捧茶给对方长辈喝，长辈们则会把红包给他们。五是戴订婚戒指。定亲的男女互相戴订婚戒指，寓意夫妇永结同心。六是改口，戴完戒指后，女方就要改口叫男方父母为爸妈，男方也是如此。在中国，女方会要求男方送彩礼。在德国，没有彩礼。

总之，举行订婚仪式，意味着双方父母对子女这段婚姻的肯定，亦是向亲朋好友传达喜讯的方式之一。在订婚之前，或者在订婚宴上，父母对子女、亲朋对准新人说祝福的话是必不可少的。

姑姑 Julia 的来信：

Bonn, den 21.Okt. 2021

Lieber Thomas,

das war eine freudige Überraschung für mich, obwohl Deine Mutter schon etwas geahnt hat. Danke für Deinen Brief und herzlichen Glückwunsch zu Deiner Verlobung. Ich bin schon sehr gespannt auf Deine Braut.

Es grüsst Dich und Deine Braut

Deine *Julia*

第4章 生育、订婚、结婚、生日以及银婚贺信的文本特征及其翻译策略

父母 Anke 和 Walter 的来信：

> Bonn, den 21.Okt. 2021
>
> Lieber Thomas,
>
> mit großer Freude haben wir Deine Verlobungsanzeige gelesen. Wir möchten Dir herzlich gratulieren. Deine Eltern freuen sich sehr.
>
> Wir hoffen, Du besuchst uns bald mit Deiner Braut. Natürlich sind wir sehr gespannt, sie kennen zu lernen.
>
> Es Grüßen Dich und Deine Braut.
>
> Deine *Anke* und *Walter*

朋友 Werner Weber 的来信：

> Bonn, den 21.Okt. 2021
>
> Liebe Familie Schmidt,
>
> zur Verlobung Ihres Sohnes Thomas gratuliere ich Ihnen recht herzlich.
>
> *Werner Weber*

订婚贺信的文本特征

从结构上看，首先说接到托马斯订婚信函后自己喜悦与惊喜的感受，接着是祝贺与希望尽快见到准新娘。假如是家里的朋友写来的贺信，则单刀直入，表示祝贺，并无其他话语。从语法上看，一般使用现在时，假如某事已经发生，就用过去式。语义上，都是使用直陈式。

从词汇上看，这类信函与订婚高度相关：Verlobung, gratulieren, gespannt auf deine Braut。在德语里，一般不用准新娘（Quasi-Braut）这个词，因为订婚了，就意味着结婚很快就要进行。当然，Braut 在这里指女性订婚者。

订婚贺信文本的翻译策略

这类信函的翻译，完全可以采取直译。

参考译文

姑姑 Julia 的来信，参考译文如下：

亲爱的托马斯：

　　对我来说，这真是惊喜，尽管你妈妈已经猜到一点。感谢你的来信并衷心祝贺你订婚。

　　我很期待见到你的未婚妻。

　　即询近佳

姑姑 Julia（签名）

2021 年 10 月 21 日于波恩

与此相关的中德跨文化交际问题

订婚贺信在德国很常见，在中国则少见。

结婚贺信

背景知识

汉语成语"成家立业"指结了婚，有了家业或建立了某项事业。可见，成家，男女双方结了婚，是第一位的；因为结婚了，新人们就有了躲

图 4.1 婚礼贺图

避风雨的港湾，就能够更好地在职场上拼搏，由此可以给家人安定的生活。结婚能够拓展我们的人生半径，丰富我们的生活内涵，通过后人延续我们的生命。

在德国，人们也是很重视结婚与婚姻的。结婚的当日，在德国人眼里是最美好的一天（allerschönster Tag）；在中国，如前所说，新婚之夜亦被认为是人生中最美好的两件事之一，有"洞房花烛夜，金榜题名时"之说。

祖母 Martha 发来的贺信：

Bonn, den 12. Dez. 2021

Liebe Kinder,

zu Eurem allerschönsten Tag wünschen wir Euch Glück und Gottes Segen. Wenn wir auch an diesem wichtigen Tag nicht bei Euch sein können, werden wir mit allen guten Wünschen an Euch denken.

Grüßt auch die lieben Eltern herzlich und alle Gäste, soweit wir sie kennen.

Alles Liebe und seid innigst umarmt

Eure *Martha*

父母 Anke 和 Walter 发来的贺信：

Bonn, den 12. Dez. 2021

Lieber Thomas,

wir wünschen Dir und Deiner Braut alles Gute für den gemeinsamen Lebensweg. Möge gegenseitiges Vertrauen, Achtung und Liebe Euch immer begleiten.

Mit den besten Wünschen

Eure *Anke* und *Walter*

父母的一位熟人发来的贺信：

Bonn, den 12. Dez. 2021

Sehr geehrtes Brautpaar,

ganz herzlich möchte ich Ihnen zu Ihrer Vermählung gratulieren. Ich wünsche Ihnen für Ihren gemeinsamen Lebensweg Glück, Gesundheit und Zufriedenheit.

Ihr *Hans Maier*

结婚贺信的文本特征

结构上，开门见山，表示祝贺并希望新婚夫妇未来幸福、健康、惬意或者互敬互爱。语法上，使用现在时；语气上，直陈式最为常见，在表示祝愿时也可能使用第一虚拟式，例如 Möge gegenseitiges Vertrauen, Achtung und Liebe Euch immer begleiten. 词汇上，也是与婚礼相关：Glück und Gottes Segen wünschen, mit allen guten Wünschen, alles Gute für den gemeinsamen Lebensweg, gegenseitiges Vertrauen, Achtung und Liebe, Glück, Gesundheit und Zufriedenheit；另外，使用书面语显得更正式：Vermählung。

关于结婚，我们可以说 Ehe schließen, heiraten, vermählen。其中，vermählen 是很高雅的用词：Wir haben uns vermählt. Sie hat sich mit ihm vermählt.

结尾礼辞可能不一样，祖母的来信，其结尾礼辞很特别：Alles Liebe und seid innigst umarmt。

结婚贺信的翻译策略

对于这类结婚祝贺信函，我们只需采用直译。

参考译文

下面是祖母发来的贺信：

亲爱的孩子们：

在你们最美好的日子里，我们祝你们幸福快乐，上帝的祝福与你们同在！即使我们不能与你们共度这么重要的一天，我们也会带着所有美好的祝愿想着你们。

也请衷心地代问你们的父母好，以及我们认识的那些客人好！

祝你们幸福并在心中拥抱你们！

你们的玛尔塔（签名）
2021 年 12 月 12 日于波恩

与此相关的中德跨文化交际问题

在德国，因为自己不能到场，写婚礼贺信很常见。在中国，打电话更常见些。

生日贺信

背景知识

汉语"生日"一词来源于汉代班固《白虎通·姓名》:"殷以生日名子何?殷家质,故直以生日名子也。"魏晋以后,中国开始有了生日的说法。汉语的生日传统上指农历,西洋人的生日则是阳历。另外,汉语里不管庆祝生日的人是孩子还是老人,都有"寿星"一说。德语里,虽然没有"寿星"的说法,但是有 Geburtstagskind 一词,不管这个人多大,都可以叫 Geburtstagskind,显得很诙谐。

过生日时,吃蛋糕、点蜡烛是现在常见的习俗。实际上,这种习俗源于古希腊人。根据民间的传统信仰,在生日点燃的蜡烛具有神奇的力量,能够实现愿望。吃长寿面则是中国独特的庆生习俗。

Renate Schmidt 几天后就将迎来她的第 45 个生日。她的儿子 Thomas 的贺信如下:

Bonn, den 20. Januar 2022

Liebe Mutter,

zu Deinem Geburtstag senden wir Dir die allerherzlichsten Glückwünsche. Wir freuen uns schon auf die Feier, es ist schön, wenn wir alle wieder beisammen sind.
Ich bin so froh, dass es Dich gibt, liebes Mütterchen.

Ich hab' Dich lieb

Dein *Thomas*

儿媳 Barbara 的父母 Otto 和 Regina Brandt 来信:

Bonn, den 19. Januar 2022,

Liebe Frau Schmidt,

zu Ihrem 45.Geburtstag gratulieren wir Ihnen herzlich! Vielen Dank für Ihre Einladung, wir freuen uns sehr darüber. Seit der Hochzeit haben wir uns ja nicht mehr gesehen. Wir wünschen Ihnen noch viele frohe, glückliche Jahre.

Ihre *Otto* und *Regina Brandt*

寿星 Renate 的父母 Martha 和 Hans Ackermann 的来信：

> Bonn, den 21. Januar 2022
>
> Liebes Kind,
>
> sei nicht traurig, dass wir nicht an Deinem Geburtstag bei Dir sein können. Wie Du weißt, ist Papa im Krankenhaus, und ich besuche ihn jeden Tag. Aber es geht ihm schon viel besser.
>
> Liebe, herzliche Glückwünsche zu Deinem 45.Geburtstag, auch von Papa. Bleib gesund und glücklich, liebes Kind.
>
> Wir umarmen und küssen Dich.
>
> Eure *Martha* und *Hans*

生日贺信的文本特征

从结构上看，这类信函直抒胸臆，表示祝贺，同时表示期待见面，或者说明不能前来的原因。

从语法上看，时态基本上是现在时，语气上看，是直陈式，偶尔也用祈使句，例如：sei nicht traurig, dass 等。词汇上，往往与生日庆祝相关。

生日贺信的翻译策略

这类信函感情真挚，直译即可。

参考译文

这是第一封贺信的参考译文：

亲爱的妈妈：

在您的生日到来之际，请允许我们把最衷心的祝愿送给您。我们很期待这次庆祝；大家又能欢聚一堂，真是太好了。

能够有您，亲爱的妈妈，我真的特别高兴！

我爱您！

托马斯（签名）

2022 年 1 月 20 日于波恩

与此相关的中德跨文化交际问题

给亲朋写生日贺信，在中德两国都有，也许德国更常见一些。

银婚贺信

背景知识

在西方，无论是在德语国家还是英美国家，根据结婚时间的长短，人们把不同时长的结婚纪念日称之为不同的婚姻日。为了便于阅读，我们这里挑选最具代表性的表达。

表4.1 中国与德国的婚龄名称

婚龄	一年	八年	十年	二十年	二十五年	三十年
德语	Papierne Hochzeit	Blecherne Hochzeit	Rosenhochzeit	Porzellanhochzeit	Silber hoc hzeit	Perlenhochzeit
汉语	纸婚	铁婚	玫瑰婚	瓷婚	银婚	珍珠婚

婚龄	四十年	五十年	六十年	七十年	八十年
德语	Rubinhochzeit	Goldene Hochzeit	Diamanthochzeit	Gnadenhochzeit	Eichenhochzeit
汉语	红宝石婚	金婚	钻石婚	恩婚	橡树婚

注释：婚龄 10 年：部分地区称作木婚（Hölzerne Hochzeit）；结婚 40 年，部分地区称之为绿宝石婚（Smaragdhochzeit），也有部分地区称作黄铜婚（Messinghochzeit）。

今天，Renate 和 Michael 结婚 25 年了，风雨同路 25 载，绝对值得庆祝。考虑到德国三分之一的婚姻破裂，他们庆祝银婚是符合亲朋好友的期待的。

弟弟与弟媳 Anke 和 Walter 为此发来贺信：

Bonn, den 20. März 2022

Liebe Renate,

lieber Michael,

wie schnell die Zeit vergangen ist. Jetzt seid ihr ein Silberhochzeitspaar, und wir werden Euch im nächsten Jahr folgen.

Bleibt auch weiterhin das liebenswerte Paar, dem man kaum ansieht, dass es bereits eine so lange Lebensstrecke gemeinsam zurückgelegt hat.

Mit den besten Wünschen für die kommenden 25 Jahre

Eure *Anke* und *Walter*

米歇尔的姐姐 Julia 也寄来一张贺卡：

Liebe Renate,

lieber Michael,

jetzt seid ihr schon so lange verheiratet und turtelt immer noch wie die Frischverliebten.

Zur Silberhochzeit alle guten Wünsche

Eure *Julia*

银婚贺信的文本特征

从结构上看，银婚贺信开头是陈述事实或者发表感叹，接着是愿望，最后是祝贺。语法上，时态主要是现在时，若表达将来，就用将来时；语气上主要是直陈式，也有少量的祈使，例如：Bleibt auch weiterhin das liebenswerte Paar, dem man kaum ansieht, dass es bereits eine so lange Lebensstrecke gemeinsam zurückgelegt hat. 词汇上与主题高度相关，偏向于使用高雅词汇，例如：Lebensstrecke zurücklegen。

银婚贺信的翻译策略

直译与意译结合。

第4章　生育、订婚、结婚、生日以及银婚贺信的文本特征及其翻译策略

参考译文

第一封贺信的译文如下：

亲爱的蕾娜特，

亲爱的米歇尔：

　　逝者如斯夫！现在你们已经是银婚夫妻了！明年，我们也将迎来自己的银婚庆典。

　　请你们做令人喜欢的好夫妻，在这对夫妻身上，人们几乎看不出他们已经走过了如此长的人生之路。

　　为你们共度25载之岁月表示最衷心的祝愿！

你们的弟弟与弟媳 Anke 和 Walter（签名）

2022年3月20日于波恩

与此相关的中德跨文化交际问题

写这样的银婚贺信，在德国很常见。

　　家庭是社会的细胞，关乎国家未来和个人幸福。汉语和德语里都有关于不同结婚时长的名称，汉语里更有"百年修得同船渡，千年修得共枕眠"这样的佳句。夫妻彼此依赖和帮助，才有了一生一世的相敬如宾！

☑ **思考题**

1. 翻译下列短语。

而立之年，结秦晋之好，传宗接代，恭贺新禧，生日快乐，铁婚，女订婚者

2. 将下列信函翻译为汉语。

Köln, den 14. Juni 2021

Liebe Renate,

lieber Michael,

nun ist er also da, der kleine Thomas. Wie ich mich freue! Einen Stammhalter habt Ihr Euch doch gewünscht.

Du, liebe Renate, solltest Dich jetzt von meinem Brüderchen verwöhnen lassen. Du hast Dir doch einige Tage freigenommen, lieber Max?

Bitte schickt mir doch bald einige Fotos von meinem kleinen Neffen.

Alles Liebe und Gute, und lasst bald von Euch hören.

Eure *Julia*

3. 将下列信函翻译为德语。

托清风捎去衷心的祝福，让流云奉上真挚的情意；今夕何夕，空气里都充满了醉人的甜蜜。谨祝我最亲爱的朋友，新婚快乐，爱河永浴.

4. 翻译祖母（Oma Martha）写给托马斯的订婚贺信。

Lieber Thomas,

zu Deiner Verlobung wünschen wir Dir und Deiner Braut alles Liebe und Gute. Leider können wir zur Verlobungsfeier nicht kommen. Opas Grippe will einfach nicht besser werden.

In Gedanken sind wir bei Euch, da könnt Ihr sicher sein. Dir und Deiner Braut wünschen wir einen schönen Verlobungstag.

5. 翻译父母的熟人Werner Weber写来的结婚贺卡（Er schickt einen Blumenstrauß mit einer Glückwunschkarte）。

Dem lieben Brautpaar und den Brauteltern sende ich meine herzlichen Glück-wünsche.

第5章
入学、高中毕业、通过驾考、入职纪念、升职以及康复贺信的文本特征及其翻译策略

入学贺信

背景知识

对每一个人来说,开启求学之旅(Schulanfang)意味着进入人生的新阶段。

图5.1 小学例图

各个国家都很重视孩子的义务教育。在德国,一般是每年的8月15号左右,中小学新的学期就开始了。在孩子上小学的第一天,每个孩子都会得到父母送的一个大礼包

（Schultüte），里面放着巧克力、文具、唱片等。开学典礼结束后，小学一年级新生就可以打开礼包了。

在我们中国，父母们何尝不是如此呢？请看一位父亲写给即将进入小学一年级孩子的寄语：九月一日，是你跨入学校这个神圣殿堂的第一天，从这天开始你就是一名小学生了，你将在浩瀚的学海里漫漫地遨游，如饥似渴地汲取知识的养分，不断充实自己。九层之台，起于垒土，千里之行，始于足下。小学是人生获得知识的最佳时期，也是打基础的关键时期。希望你勤奋刻苦，顽强拼搏，将学习变成喜欢的事情、快乐的事情，爱学习、会学习、好学习①。

在这种情况下，爷爷奶奶或者其他人会寄来贺信，祝贺孩子首次入学，是很常见的。

爷爷奶奶 Hans 与 Martha 写给孙子的信：

Bonn, den 13. August 2021

Liebes Enkelkind,

am Dienstag wirst Du also zum ersten Mal in die Schule gehen. Damit beginnt ein neuer Lebensabschnitt für Dich. Wir wünschen Dir, dass Dir die Schule Freude macht. Um Deinen Schulanfang ein wenig zu versüßen, haben wir Dir ein Päckchen geschickt.

Deine *Hans* und *Martha*

姑姑 Julia 的贺信如下：

Bonn, den 13. August 2021

Lieber Thomas,

bist Du schon sehr aufgeregt? Ich war eine sehr stolze ABC-Schützin, das hat sich dann aber rasch gelegt. Ich wünsche Dir viel Spass in der Schule und nicht allzu viele

---

① 佚名作者. 一年级新生家长开学寄语. 来源无忧考网：https://www.51test.net 原文网址：https://www.51test.net/show/9073436.htmlhttps://www.51test.net/show/9073436.html.2022-10-08.

Hausaufgaben. Gegen ein Geschenk bist Du doch nicht abgeneigt, stimmt's?

Viel Spass mit dem Legokasten

Deine *Julia*

朋友的来信：

Bonn, den 13. August 2021

Liebe Familie Schmidt,

zum Schulanfang Ihres Sohnes Thomas gratuliere ich Ihnen ganz herzlich. Ich hoffe, dass er eifrig lernt und seinen Eltern viel Freude bereitet.

Ihr *Hans Maier*

入学贺信的文本特征

从结构上，这类应用文的开头也是有差异的，有的是陈述事实，例如爷爷奶奶写的开头就是如此：am Dienstag wirst Du also zum ersten Mal in die Schule gehen；有的则是直接导出写信的目的，例如 zum Schulanfang Ihres Sohnes Thomas gratuliere ich Ihnen ganz herzlich；有的则是人性化的提问，例如姑姑的来信：bist Du schon sehr aufgeregt？接着主要讲上学的意义或者祝愿。这里也有其他的涉及写信人作为曾经的学生的一些感悟，例如姑姑的来信。

从语法上看，时态上主要使用现在时；语气上就是直陈式；语序上是正反语序交替使用，尤其是在爷爷奶奶的来信里表现得更加突出。词汇上也是与上学相关，比如 Hausaufgaben, stolze ABC-Schützerin, Schulanfang, eifrig lernen。

入学贺信的翻译策略

这里贺信主要表达了长辈对晚辈的祝贺与祝福，直抒胸臆，宜采用直译法。

参考译文

第一封的参考译文如下：

亲爱的孙子：

在本周二，你将第一次踏入校门。由此开启你的人生新阶段。我们祝你学习快乐！为了给你的入学带来些许美好，我们给你邮寄了一个小包裹。

爱你的爷爷奶奶（签字）

2021年8月13日于波恩

与此相关的中德跨文化交际问题

这样的信函中德两国都有，在德国更常见些。

高中毕业贺信

背景知识

中国的"高考"是我们熟悉的。古人云：洞房花烛夜，金榜题名时。"金榜题名"是人生最惬意的两件事之一。

在德语国家，通过高中毕业考试（Abitur）意味着中学教学正式结束，大学生活的大幕就拉开了。这是非常重要、值得高兴的事。它好比通过了中国的高考。

德国的高考成绩由两个部分构成：高中最后两年的平时学习成绩和毕业考试成绩，这两项加权计算，得出来最终成绩。满分为900分，其中600分是平时成绩，300分是毕业考试成绩。假如总成绩不足300分，就无缘大学了，但是，考生还有一次补考的机会。德国的高中毕业考试成绩终身有效，目前没有全国统一的试卷，考试的具体时间各州不一。

下面是Thomas的姑姑Julia写来的贺信：

Köln, den 12. August 2021

Lieber Thomas,

ich bin ziemlich stolz auf Dich, lieber Neffe. Herzlichen Glückwunsch zum bestandenen Abitur! War es sehr schwer? Mathe war ja immer Dein Problemfach, wie hast Du da abgeschnitten? Du musst mir bald ausführlich schreiben, Deine Tante ist neugierig, nicht wahr?

Wenn Du jetzt studierst oder einen Beruf wählst, möchte ich Dich an Deine früheren Berufswünsche erinnern. Als Dreijähriger konntest Du Dich nicht so recht entscheiden, ob Du Sheriff oder Cowboy werden solltest. Später warst Du fest entschlossen, eine Karriere als Profi-Fussballer zu machen, und dann wolltest Du auf einer Bohrinsel arbeiten...

Wie Du dich auch entscheidest, ich wünsche Dir Glück und Erfolg.

Deine *Julia*

高中毕业贺信的文本特征

从结构上，这篇应用文的开头是赞美、祝贺，接着是简单回顾高中时侄子 Thomas 的弱项数学，出于好奇，姑姑要他写信告诉自己是怎么通过这门课。紧接着在谈及是继续上大学深造还是选择一门职业时，姑姑又提起 Thomas 小时候的一些职业愿望。最后，姑姑指出，不管侄子怎样选择，她都祝他万事顺利。整封信充满了温暖、亲情与幸福。

从语法上看，假如所言之物与现在和将来有关，时态上基本上使用现在时；假如涉及的是过去，就用过去式，最后，本贺信里出现了语法上的格偏离，也就是正文第一句后面的 lieber Neffe，因为它是第一格；语气上就是直陈式；语序上是正反语序交替使用，句子结构比之前的贺信更复杂。词汇上也是与学习和职业相关，毕竟 Thomas 高中毕业了。按德国人的传统做法，高中毕业后就去当学徒，继而成为工人是常事。

高中毕业贺信的翻译策略

这类贺信洋溢着祝福和好奇，表达了长辈对晚辈的关怀，简单易懂，宜采用直译法。

参考译文

亲爱的托马斯：

我为你感到骄傲，亲爱的侄子。衷心地祝贺你通过高中毕业考试！考试题难吗？数学一直是你的弱项，你在数学上考得如何？你得尽快详细写信告诉我，你姑姑很好奇，不是吗？

倘若你现在开始大学学习或者选择一种职业，我想提醒你早先的职业愿望。作为三岁的孩子，你不能那么轻易地决定你是该当一名行政长官还是当一名牛仔。后来，你决定开启职业足球运动员的职业生涯，接着你想到钻井平台上工作……

不管你做出什么决定，我都祝幸福与成功伴随你左右。

你的姑姑尤利娅（签名）
2021 年 8 月 12 日于科隆

与此相关的中德跨文化交际问题

这样的信函，在两国都有，在德国更常见些。

通过驾考贺信

背景知识

汽车作为现代社会文明的象征之一，使用得非常广泛。在我国，驾驶证的全称是机动车驾驶证，又作"驾照"，它是依照法律机动车辆驾驶人员所需申领的证照。

要开车，就必须通过驾照考试。这种考试也不是那么简单的，特别是因为路况复杂，机动车增多，驾车难度日益增加。

Thomas通过了驾照考试（Bestandener Führerschein），伯伯和伯母给他写贺信：

Bonn, den 8.Okt. 2021

Lieber Thomas,

nun hast Du es geschafft und bist Besitzer eines Führerscheins. Dazu gratulieren wir Dir herzlich.

Aber denke daran, noch bist Du kein erfahrener Autofahrer, das lernst Du erst in der

Praxis. Fahr vorsichtig!

Deine *Anke* und *Walter*

通过驾考贺信的文本特征

从结构上看，先陈述事实，再表示祝贺，接着提醒通过者在实践中学习，劝他谨慎驾驶。语法上主要是现在时，若是某事已经发生，比如考试通过了，就用现在完成时。语气上用直陈式。词汇上，基本上是驾驶有关，比如 Führerschein, erfahrener Autofahrer, in der Praxis lernen, vorsichtig fahren.

通过驾考贺信的翻译策略

这类贺信言简意赅，其目的是，既表达祝贺，也表达了提醒或者希望，可以直译。

参考译文

参考译文如下：

亲爱的托马斯：

你终于办到了，成为驾照的持有者！为此，我们衷心地祝贺你！

但是，也请你记住，你还是一名新手；关于驾驶经验，你只有在实践中学习。开车小心！

你的伯伯和伯母 Walter, Anke（签字）

2021 年 10 月 8 于波恩

与此相关的中德跨文化交际问题

这样的信函，在两国都有，在德国更常见些。

入职纪念贺信

背景知识

入职纪念（Dienstjubiläum）可以用德语解释为 Jubiläum nach einer bestimmten Anzahl von Dienstjahren。在德国，若某位员工在企业工作了 25 年，公司就会组织周

年庆典（Jubiläumsfeier）。公司可能会安排一次企业远足（Betriebsausflug）。在远足期间，领导会为某位员工的入职纪念发表讲话，向这位员工表示祝贺。员工也会答谢大家。

图5.2　工作25周年贺图

公司领导 Fritz Bachmann 对员工 Uwe Lanz 的 25 周年工作纪念贺信：

München, den 10. Febr. 2022

Lieber Herr Lanz,

zur Feier Ihres 25-jährigen Dienstjubiläums in unserer Firma übermittle ich Ihnen meine besten Glückwünsche.

In all der Zeit waren Sie ein zuverlässiger Mitarbeiter. Sowohl die Geschäftsführung wie auch die Kollegen loben Ihre vorzüglichen Leistungen. Viele wesentliche Erneuerungen haben wir Ihrem Ideenreichtum und Ihrer Weitsicht zu verdanken.

Wir möchten Sie, lieber Herr Lanz, noch viele Jahre in unserer Mitte haben. Ihre Mitarbeit ist uns sehr wichtig!

Mit den besten Wünschen zum Jubiläum

Ihr *Fritz Bachmann*

第5章 入学、高中毕业、通过驾考、入职纪念、升职以及康复贺信的文本特征及其翻译策略   53

熟人 Werner Weber 对 Uwe Lanz 的 25 周年入职纪念贺信：

Sehr geehrer Herr Lanz,

zu Ihrem 25-jährigen Dienstjubiläum sende ich Ihnen aufrichtige Glückwünsche. Für die kommenden Jahre wünsche ich Ihnen viel Glück und Erfolg, vor allem aber gute Gesundheit.

Mit freundlichen Grüßen

Ihr *Werner Weber*

入职纪念贺信的文本特征

从结构上看，开门见山，直接言明写信的目的，接着阐述这位入职25年的员工所做的贡献，最后表达希望。从语法上看，主要使用现在时；在谈到该员工过去的工作表现或者评价时用过去时或者现在完成时。语气上都是直陈式。词汇上，尽量使用书面语、高雅词汇。

入职纪念贺信的翻译策略

这种工作周年纪念贺信，情真意切，可以使用直译加意译的方法。

参考译文

第一封入职纪念贺信的参考译文如下：

亲爱的蓝茨先生：

　　为了庆祝您加入公司二十五周年，我谨向您致以最美好的祝愿。

　　光阴荏苒，瞬间就是二十五载。您一直是一位可靠的员工。公司的领导还有同事们都对您卓越的成就表示赞赏。我们把许多根本性的革新都归功于您的聪明才智和远见卓识。

　　亲爱的蓝茨先生，我们还想跟您继续共事数载。您的参与对我们来说很重要。

致以最美好的祝愿

您的弗里茨·巴赫曼（签名）

2022 年 2 月 10 日于慕尼黑

与此相关的中德跨文化交际问题

在中国，我们对入职周年纪念，似乎不重视。但是，在德国，情况完全相反。

升职贺信

背景知识

升职是对某人工作成绩和领导才能的肯定，也是公平的体现。汉语里"鱼升龙门"就比喻事业成功或地位高升。

在德国，个人升职同样是一件值得高兴的事。Thomas 的姑姑 Julia 在职场获得了升迁，现在是部门领导了。为此，亲朋好友及其领导均发来贺信。

Julia 的上司 Herbert Meinhaus 发来的贺信：

Bonn, den 11. Jan. 2022

Sehr geehrte Frau Brandel,

ich gratuliere Ihnen zur Beförderung, Sie haben diesen Erfolg verdient.

Ich bin sicher, Sie werden Ihre Sache gut machen. Sie verstehen es, Menschen zu motivieren, und Ihre Begeisterung für die Arbeit wirkt auf andere ansteckend.

Dass Sie den hohen Anforderungen gerecht werden, die das Unternehmen an Sie stellt, davon bin ich überzeugt.

Meine besten Glückwünsche begleiten Sie in den neuen Wirkungsbereichen.

Mit freundlichen Grüßen

Ihr *Herbert Meinhaus*

Thomas 的父母 Renate 和 Michael 发来的贺信：

> Bonn, den 12. Jan. 2022
>
> Liebe Julia,
>
> herzlichen Glückwunsch zur Abteilungsleiterin. Wir sind stolz auf Dich!
>
> Aber arbeite bitte nicht allzu viel. Du weißt ja, dass das Leben neben einem 12-Stunden-Arbeitstag noch andere angenehme Beschäftigungen bietet.
>
> Mit den besten Wünschen
>
> Deine *Renate* und *Michael*

升职贺信的文本特征

从结构上看，这类贺信直接点题祝贺升职。接着要么指出升职的原因，并表达期望，最后再次祝贺；要么单刀直入，表达祝贺，为某人感到骄傲，同时不忘提醒对方生活是多姿多彩的，工作不是一切！显得很温馨。这往往是亲朋所言。

从语法上看，时态主要是使用现在时，少量将来时；极少使用现在完成时，除非用于表达已经发生的事。语气都是直陈式。

从词汇上看，与升职祝贺高度相关，趋向使用书面语。

升职贺信的翻译策略

这类祝贺信完全出于真诚，翻译是主要采用直译法，部分采用意译。

参考译文

上司来信的参考译文如下：

尊敬的布兰德尔女士：

我祝贺您荣升为部门领导。这是您所付出的辛勤努力换来的。

我敢肯定，您将会把自己的工作干好。您懂得如何去激励人，并且您对工作的着迷会感染其他人。

我深信您能够妥善处理公司对您提出的高要求。

愿我的最美好的祝愿伴随您的左右，在新的领域乘风破浪！

致以友好的问候

您的赫伯特·迈茵豪斯（签字）

2022 年 1 月 11 日于波恩

与此相关的中德跨文化交际问题
在德国，升职者会收到这样的贺信。在中国，似乎很少见。

康复贺信

背景知识

人吃五谷，生百病。谁敢保一辈子无病无灾？生活不易，难免磕磕碰碰。康复了就好。在中国，假如有人生病住院，亲朋都会去看望；在德国也是如此。这不，Renate 的爸爸 Hans Ackermann 前段时间生病住院了。他的感冒变成了肺炎。现在，他已好转并回到家中，继续卧床休息。

女儿 Renate 来信：

Bonn, den 13. Mai 2021

Lieber Papa,

ich bin so froh, dass es Dir besser geht. Einige Zeit habe ich mir große Sorgen gemacht, aber trotzdem keinen Augenblick daran gezweifelt, dass Du Dich wieder erholst. Ich kenne ja Deine Willensstärke.

Jetzt musst Du Dich aber noch ein bisschen schönen. Lass Dich von der Mama pflegen und versuche nicht schon wieder, Bäume auszureißen.

Michael und ich kommen Euch in den nächsten Tagen besuchen. Dann trinken wir zusammen ein Gläschen Wein. Eines hat der Arzt ja genehmigt.

Ich küsse Dich und Mama.

Deine *Renate*

孙子 Thomas 来信，写道：

Bonn, den 13. Mai, 2021

Lieber Opa,

Du hast uns einen schönen Schrecken eingejagt. Wir dachten alle an eine harmlose, wenn auch hartnäckige Grippe, und dann musstest Du mit einer Lungenentzündung ins Krankenhaus.

Versprich mir bittte, lieber Opa, dass Du Dich schonst. Wir alle möchten Dich noch sehr lange in unserer Mitte haben.

Damit Dir die Zeit Deiner Genesung nicht zu langweilig wird, schicken wir Dir zwei spannende Kriminalromane.

Es grüsst Dich und Oma herzlich

Dein *Thomas*

康复贺信的文本特征

从结构上看，这里的信函一开始就表达感受，接着表达希望或者温馨建议，最后陈述自己或者连同他人将于某个时间去拜访康复者。

从语法上看，时态上主要使用现在时和将来时，偶尔也使用现在完成时。语气上多为直陈式或者祈使语气，例如 Versprich mir bittte, lieber Opa, dass Du Dich schonst.

从词汇上讲，也注重使用书面语，例如 Willensstärke，jmdm. Sorge machen.

康复贺信的翻译策略

这类信函结构明确，意图清楚明白，语言易懂，可以采用直译的方法来翻译。

参考译文

女儿 Renate 来信的参考译文如下：

亲爱的爸爸：

真高兴，你身体好些了。一段时间以来，我真的非常地担心，但是，即便如此，也没有怀疑你会康复的。我是很了解你强大的意志力的。

现在你还得保重。让妈妈照顾你吧，不要又试着去拔树。

过几天，米歇尔和我将要去看你们。然后，我们一起喝一小杯葡萄酒。

医生可是同意你喝一小杯酒的。

吻你和妈妈

你的女儿

2021 年 5 月 13 日于波恩

与此相关的中德跨文化交际问题

在中国，很少人写这种康复贺信，发一条短信倒是可能的。

✓ 思考题

1. 翻译下列短语。

驾驶证，驾照考试，升职，工作周年，早日康复，职场生涯，Teamgeist, Fahrschule, Geschäftsführung, das Sonntagskind, Erziehungsurlaub

2. 翻译下列信函。

Bonn, den 13. August 2021

Lieber Thomas,

bist Du schon sehr aufgeregt? Ich war eine sehr stolze ABC-Schützin, das hat sich dann aber rasch gelegt. Ich wünsche Dir viel Spass in der Schule und nicht allzu viele Hausaufgaben. Gegen ein Geschenk bist Du doch nicht abgeneigt, stimmt's?
Viel Spass mit dem Legokasten

Deine

3. 翻译下列信函。

Sehr geehrter Herr Lanz,

zu Ihrem 25-jährigen Dienstjubiläum sende ich Ihnen aufrichtige Glückwünsche.

Für die kommenden Jahre wünsche ich Ihnen viel Glück und Erfolg, vor allem aber gute Gesundheit.

Mit freundlichen Grüßen

Ihr

4. 翻译下列信函。

Liebe Tante,

es macht mich stolz und glücklich, so eine tüchtige und patente Tante und Firmpatin zu haben. Herzliche Glückwünsche zur Abteilungsleiterin!

Barbara und ich basteln ja noch an unserer Karriere, Du hast es nun geschafft. Aber beruflicher Erfolg ist nur ein kleiner Teil im Leben eines Menschen, privates Glück ist ebenso wichtig. Wir wissen, dass Du beides miteinander verbinden kannst.

Es küsssen Dich

Deine *Barbara* und *Thomas*

第6章
邀请信、应邀信与回绝信的文本特征及其翻译策略

邀请信

背景知识

顾名思义,"邀请信"(Einladungsschreiben)就是请人到自己的家来或到约定的地方去参加一活动的信函。人是生活在社会里的群居动物,因为某个动机我们发起一个庆祝活动或参加庆祝活动,都是正常的。

无论是在中国还是在德国,人们都可能采用发"邀请卡"(Einladungskarte)的方式邀请别人参加活动。

德语"请柬"的格式:假如是印刷好了的请帖,内容居中是最常见的排列法或者说是排版方式;假如是邀请信,内容左靠,也就是采用最常见的改良平头式的布局。但是,假如邀请的是亲朋,没有上级或外宾,则格式问题就不重要了,因为这时不必有那么多繁文缛节。这些都将在下面的例子里得到印证。

1. 晚宴、鸡尾酒会以及亲朋好友聚会的邀请信的文本特征及其翻译策略

邀请别人参加活动的具体情况千差万别,但是,最基本的不外乎是邀请对方共进晚餐,参加鸡尾酒会或参加聚会。

邀请参加晚宴:

Marianne und Friedhelm Wunderlich

Bitten

Frau und Herrn Trebenbach

zu einem Abendessen am 14. Mai, 20.00 Uhr,

anlässlich unserer Silberhochzeit.

Dunkler Anzug	Johannesgasse 10
u. A. w. g.	3020 Bibelshausen

注意：u. A. w. g. oder U.A. w. g. bedeutet Um/um Antwort wird gebeten.

邀请参加鸡尾酒会（der Cocktail）：

Beate und Hans Hohensinn

Bitten zum Cocktail

Samstag, 24. August 2022, 18.00 Uhr

u. A. w. g.

邀请参加聚会：

Herbert und Carola Klecher

Geben sich die Ehre, Sie zu einer Party

am 12. Juni um 21. 00 Uhr

einzuladen.

Smoking	Albrechtstr. 23
u.A. w. g.	3570 Stammdorf

晚宴、鸡尾酒会以及亲朋好友聚会的邀请信的文本特征

从结构上，这类邀请信的第一行是邀请者（主人）的名字，第二行是请求，此处大写动词 bitten 的首字母，第三行是受邀请者的名字，第四行参加某活动的具体时间，第五行因为什么，第六行服装要求以及活动具体地点，第七行盼复等。服装要求也可能放在"盼复（u.A. w. g.）"的下面，在本书"邀请对方参加女儿的婚礼"里，就是如此。

　　格式上看，除了"邀请亲朋好友参加聚会"是采用完全框行排列法外，其他"请帖"都是居中排列。

　　从人称上看，这里的请柬都是用第三人称[①]形式写的。一句话，这里的格式和结构特征非常明显。

　　从语法上看，"请帖"的时态为现在时；语气上都是直陈式；从语序上看，都是正语序；从词汇上看，都是与主题相关。

　　关于日期的标注。由于邀请方在"请柬"中给出了参加活动的日期，故不再重复标注日期。

　　这里必须指出，在有些正式或者非正式的邀请信里，会有这样的字眼：Wir würden uns über Ihre Zusage bis ... sehr freuen/Bitte geben Sie bis ... Bescheid/Um Antwort wird gebeten/u.A. w. g.（正式邀请）. Wir hoffen sehr/wirklich, dass du kommen kannst/Bitte sag uns Bescheid, ob das bei dir klappt/Wir freuen uns darauf, dich zu sehen/Sag mir bitte, welcher Tag dir am besten passt（非正式邀请）.

晚宴、鸡尾酒会以及亲朋好友聚会的邀请信的翻译策略

关于这类邀请信的汉译方法，我们都可以采用直译法，因为这里的内容简洁，目的明确。

参考译文

邀请参加晚宴的参考译文如下：

玛丽安娜和弗里德黑尔姆·文德利希

　　诚挚邀请

　　特雷本巴赫夫妇

　　参加 5 月 14 日晚上八点因庆祝我们的银婚而举办的晚宴。

　　服装要求：深色西服

[①]Martina Lode-Gerke et al, Übungs- und Testbuch digitalen TestDaF, Stuttgart: Ernst Klett Sprachen GmbH, 2020, S.151.

晚餐地点：Johannesgasse 10

3020 Bibelshausen

盼复。

这里的译文，进行了必要的处理，例如，服装要求，原文里并没有说，只提了深色西装；地点在翻译后前置，具体地址不翻译。最后，并未按国内某些请帖那样文绉绉来翻译，因为我们所处的时代工作节奏快，时间宝贵，要求翻译的文本简洁明快。

与此相关的中德跨文化交际问题

这样的邀请信，中国和德国都有。但是，在中国，人们似乎对服装没有什么特别的规定。

2. 生日庆祝、银婚庆祝以及己方儿女婚礼的邀请信的文本特征及其翻译策略

庆祝生日、庆祝银婚以及邀请亲朋参加儿女婚礼，都是常见的社交形式。今天，在世界各地，无论是小孩还是耄耋老人，遇到生日都会庆祝的。遇到银婚或者孩子结婚，无不庆祝一番，因为这些都是喜事。

邀请参加生日庆祝：

ACHTUNG！

Am Freitag, den 19. September geht's bei uns im Partykeller richtig los. Wir feiern meinen 50. Geburtstag. Es gibt ein kaltes Büfett und jede Menge „geistige" Getränke. Bringt viel gute Laune mit!

Hans und *Erika Bergmann*

邀请参加银婚庆祝：

Berlin，den 12. Mai 2022

Liebe Frau Müller,

zu unserer Silberhochzeit am 14. Juni laden wir Sie herzlich ein. Ihre Anwesenheit ist uns besonders wichtig.

Sie sind uns stets eine liebe Nachbarin gewesen und nahmen Anteil an unserem Leid und unserem Glück. Bitte machen Sie uns die Freude und kommen Sie.

Mit freundlichen Grüßen
Ihre

邀请参加儿女婚礼：

Herr und Frau Egon Streisand

laden

zur Hochzeit ihrer Tochter Manuela

mit Herrn Walter Erding

am Sonntag, den 5. Mai ein.

Die kirchliche Trauung beginnt um 12. 00 Uhr

in der St. – Ursula – Kirche.

Die Hochzeitsfeier findet anschließend im Restaurant

Königshof statt

u. A. w. g.   Silberhornstr. 1
Dunkler Anzug   4152 Bergheim

生日庆祝、银婚庆祝以及儿女婚礼的邀请信的文本特征

从结构上看，都是开门见山，直奔主题。从语法上看，基本上都是使用现在时；若是涉及过去的事，就用过去式。语气上都是直陈式，极少数是祈使语气。语序上，正反语序交替使用。从格的使用上看，有两处"格偏离"的情况，例如，在上述"邀请参加生日庆祝""邀请参加儿女婚礼"里分别有 Am Freitag, den 19. September geht's bei uns im Partykeller richtig los. 和 ……am Sonntag, den 5. Mai ein 句子或者字眼。

词汇上，则是因邀请对象和场合的不同而存在差异。

从格式上看，有左对齐的，也有居中的。

生日庆祝、银婚庆祝以及儿女婚礼的邀请信的翻译策略

这类信函，尤其是正式的邀请信，都可以采取直译法。对于"非正式的、诙谐的邀请信"，我们在进行汉译时可以采取直译意译结合的方式来翻译。

参考译文

邀请参加生日庆祝的译文如下：

各位亲朋注意啦！

本周五，也就是9月19日，在我们的派对地窖里，庆祝活动闪亮登场！我们将庆祝我的50岁生日。有自助冷餐和大量的"酒精性"饮料等待你们的到来。

请你们带上好情绪来吧！

Hans 和 Erika Bergmann 谨启

这里要注意译法的诙谐。原文中的 geistig 假如翻译成"精神的，智慧的，思想的，内心的"，则不准确。

与此相关的中德跨文化交际问题

在德国，出席这种场合，人们不会带上未成年的孩子，因为孩子哭闹会干扰聚会的正常进行。

应邀信

背景知识

在德语国家，尤其是德国，倘若愿意接受别人的书面邀请，就要回信。既可电话回复，也可以亲自回信。这里的回信，又分两种形式：一是常规的书信形式，另一种则是用印刷好的封缄信片（Briefkarte）的形式。这里先来解释一下什么是 Briefkarte。

Briefkarte: Blatt aus dünnem Karton, das ungefaltet in einem Umschlag als Brief versandt werden kann①。

采用一般形式的、表达接受邀请的回信:

> Köln, den 11. Jan. 2022
>
> Sehr geehrte Frau Streisand,
> sehr geehrter Herr Streisand,
>
> wir danken Ihnen herzlich für die Einladung zur Hochzeit Ihrer Tochter Manuela mit Herrn Walter Erding.
> Wir kommen gern und grüßen herzlich.
>
> Ihr

> Köln, den 11. Febr. 2022
>
> Liebe Frau Bergmann,
> lieber Herr Bergmann,
>
> für die Partys sind wir immer zu haben. Wir kommen gerne, um Ihren 50. Geburtstag, lieber Herr Bergmann, richtig zu feiern. Wir freuen uns schon auf diesen schönen Abend und bringen viel gute Laune mit.
>
> Bis Freitag!
> Ihr

用 Briefkarte 回复接受邀请:

> Agnes und Otto Trebenbach
>
> Besten Dank für die freundliche Einladung zum Abendessen am 14. Mai um 20.00 Uhr. Zur Feier Ihrer Silberhochzeit kommen wir gerne und freuen uns schon darauf.

---

①Dudenredaktion, Deutsches Universalwörterbuch 9. Auflage, Berlin: Bibliographisches Institut, 2019, S. 357.

第6章　邀请信、应邀信与回绝信的文本特征及其翻译策略　　**67**

Susanne Laderer

dankt herzlich für die liebenswürdige Einladung zur Cocktailparty am 12. Juni um 21.00 Uhr und wird ihr gerne folgen.

应邀信的文本特征

　　这类文本，从结构上看，都是直接表示感谢，接着说愿意前来，并很期待。从语法上看，都是使用现在时。从语气上看，都是直陈式，陈述自己的想法。词汇上与相关活动相关。从拼写上看，在使用封缄信片回复接受邀请的信里，第二行的第一个单词首字母可以大写，也可以小写，这跟我们之前学习的不完全一致。结尾礼辞可能不一样或者省略。

　　最后，这些信函，其格式都是左对齐。

应邀信的翻译策略

　　这类信函比较简短，只需直译。

参考译文

尊敬的斯特雷山特夫妇：

　　我们衷心感谢你们邀请我们参加令爱马努额拉与瓦尔特先生的结婚庆典。

　　我们很乐意前往并致以衷心问候。

你们的（签字）
2022年1月11日于科隆

与此相关的中德跨文化交际问题

　　在中国，人们通过打电话来确认前往参加，更常见一些。

回绝信

背景知识

每一个人都有自己的安排，或者因为自己的亲朋突然到访被迫改变之前的行程计划。"变化总比计划快。"因此，回绝别人的要求是迫不得已却也情有可原的。谁没有一件急事呢？生活不易！

回绝晚餐邀请：

Köln, den 8. Nov. 2021

Sehr geehrte Frau Stürmer,

sehr geehrter Herr Stürmer,

für Ihre Einladung am 11. Nov. um 19. 00 Uhr zum Abendessen danken wir Ihnen sehr. Eine hübsche Idee von Ihnen, wieder einmal eines Ihrer köstlichen Abendessen zu servieren.

Leider müssen wir auf diesen Gaumengenuss verzichten. Elisabeth liegt mit einer Grippe im Bett, und es kann noch einige Zeit dauern, bis sie wieder ganz gesund ist.

Nochmals vielen Dank für die nette Einladung, und wir wünschen Ihnen und Ihren Gästen einen schönen Abend.

Mit freundlichen Grüßen

Adolf und *Elisabeth Kramer*

回绝参加聚会的邀请：

Bonn, den 8. Febr. 2022

Sehr geehrte Frau Winter,

sehr geehrter Herr Winter,

wir danken Ihnen herzlich für die Einladung zur Party. Leider können wir ihr nicht nachkommen, weil wir am 10. Febr. lieben Besuch aus Amerika bekommen.

Wir bitten um Verständnis.

Adolf und *Elisabeth Kramer*

用 Briefkarte 的形式回绝邀请：

Anna und Thomas Fritscher[①]

Danken herzlich für die liebenswürdige Einladung zum 8.August, der wir leider nicht nachkommen können.
Wir verreisen morgen für zwei Wochen.

Liebe Familie Sander[②],

haben Sie vielen Dank für die nette Einladung, die wir gerne angenommen hätten. Aber diesmal konnten wir keinen Babysitter für Oliver finden. Und allein möchten wir ihn nicht lassen, er bekommt jetzt die ersten Zähnchen.

Also nochmals herzlichen Dank und viel Spass auf der Party.
Ihre

回绝信的文本特征

从结构上看，这类回绝邀请的信函先感谢别人的要求，接着说自己无法前往，最后，再次感谢并祝聚会、活动顺利！从语法上看，它们基本上是使用现在时，极少使用过去时。从语气上看，主要是陈述与祈使语气，使用虚拟式罕见。词汇上主要与主题相关。

从格式上看，左对齐最常见。

---

① 这里采用斜体，以示突出寄信者，也是常规做法。作者注。
② 在称呼语处采用斜体，在德国也是许可的。作者注。

回绝信的翻译策略

这类信函一般都很简短，开门见山，因此可以直译。

参考译文

尊敬的斯蒂默尔夫妇：

我们非常感谢你们 11 月 11 日晚 7 点的晚宴邀请。再次品尝你们的精美晚餐，真是一个好点子。

很遗憾的是，我们不得不放弃这次的口福。伊丽莎白患流感了，不得不卧床休息。直到她完全康复，还需要一些时间。

再次衷心感谢友好的邀请，我们祝你们和各位来宾有一个美好的夜晚。

顺致友好问候

　　　　　　　　　　　　　阿道夫和伊丽莎白·克拉默 2021 年 11 月 8 日于科隆

与此相关的中德跨文化交际问题

在中国，电话回绝更常见。

不同的国家，有不同的风俗。要想做一位受欢迎的人，就必须"入乡随俗"。

✓ 思考题

1. 翻译下列请柬。

Liebe Birgit,

lieber Christian,

wir hatten schon lang vor, Euch zu einem Abendessen einzuladen. Kommt doch bitte am Samstag, dem 22. Okt. 2022, um 19. 30 Uhr zu uns. Wir haben noch einige Freunde eingeladen, die Euch gerne kennen lernen würden.

Wir hoffen sehr auf Eure Zusage.

2. 翻译下列邀请参加女儿婚礼的邀请信。

Sehr geehrte Frau Brinkmann,
sehr geehrter Herr Brinkmann,

am Freitag, dem 25. Nov. 2022, heiratet unsere Tochter. Wir als Brauteltern möchten Sie ganz persönlich zur Feier einladen, denn Sie haben viele Jahre den Lebensweg unserer Margit begleitet.

Die kirchliche Trauung beginnt um 11.00 Uhr in der St. – Michael – Kirche. Anschließend zieht die Hochzeitsgesellschaft ins Hotel Eden. Dort wird um 13. 00 Uhr zu Mittag gegessen. Am Nachmittag gibt es Kaffee und Kuchen, und für den Abend ist ein kaltes Büfett vorbereitet.
Es wäre schön, wenn wir Sie an diesem Festtag begrüßen könnten. Wir hoffen auf Ihre Zusage.
Monika und *Alfred Steiner*

3. 翻译下列回绝信。

Lieber Friedhelm,

ausgerechnet an diesem Sonntag kommt meine Schwiegermutter zu Besuch, und Du wirst verstehen, dass ich da schlecht weggehen kann. Aber vielen Dank für die Einladung. Beim nächsten Mal klappt's bestimmt.

Viel Spass
Dein

4. 翻译下列接受邀请的回信。

Susanne Laderer

dankt herzlich für die liebenswürdige Einladung zur Cocktailparty am 12. Juni um 21.00 Uhr und wird ihr gerne folgen.

5. 翻译下列回绝信。

亲爱的贺琼：

非常感谢你的邀请。我很早就认识李广军博士，他还是我的老师的老师呢。我们很乐意参加，遗憾的是六月八日我得回老家一趟，我的弟弟正好那天结婚。这事早就定下来了。抱歉不能参加。

此致

王斌

2020年6月3日

第7章
感谢信与唁函的文本特征及其翻译策略

感谢信

背景知识

感谢信是为表示感谢而写的一种专用书信。在中国,收信者和写信者均可以是个人或单位。感谢信可以直接寄送给对方单位或个人,也可公开张贴或送报社、电台。在德国,感谢信(Dankschreiben)指 Schreiben, in dem jmd. seinen Dank ausdrückt[①]。在德国,或者说在德语国家,人们写感谢信是因为被邀请去吃饭,或者因为别人提供了帮助。发出感谢的人,既可以是客人,也可以是主人,假如客人因其高超的厨艺帮助了主人,主人会感谢这位客人。

感谢邀请参加聚会:

Bonn, den 12. Mai 2022

Liebe Katrin,

lieber Jochen,

wir möchten uns noch einmal für die Einladung bedanken.

---

① Dudenredaktion, Deutsches Universalwörterbuch 9. Auflage, Berlin: Bibliographisches Institut, 2019, S.401.

Es war ein tolles Fest. Wir haben uns bei Euch sehr wohl gefühlt, und es hat uns Spass gemacht, die alten Freunde wieder zu treffen.

Wir feiern im nächsten Monat die Beförderung von Willi. Dazu seid Ihr natürlich auch herzlich eingeladen. Näheres erfahrt Ihr noch.

Bis bald!

Eure *Anna* und *Hans*

感谢邀请参加晚宴：

Berlin, den 10. juni 2022

Liebe Frau Meier,

ich möchte mich noch einmal herzlich für den schönen Abend bedanken. Es war wieder einmal alles perfekt. Der Kreis stimmte, das Essen war ausgezeichnet und der Wein fast zu gut.

Mein Mann übermittelt Ihnen ebenfalls seinen Dank und beste Grüße.

Auf ein baldiges Wiedersehen
Ihre *Monika Schmidt*

感谢信的文本特征

从结构上看，一开始，写信者就借机再次表示感谢，接着是对刚刚参加的活动的积极评价，最后，简要谈谈自己拟举办的活动并顺便邀请对方。从语法上看，时态往往为现在时；若涉及到对刚刚过去的聚会的评价，则用过去式。语气上是陈述事实。词汇上，与主题高度相关。从书写上看，Euch 的首字母大写，表示礼貌。

格式上是左对齐。从跨文化交际的角度看，邀请朋友来聚会，主人往往会邀请职业或者兴趣相近的人士到场，正如信件里讲的：Der Kreis stimmte... 唯有如此，交谈才不至于不欢而散，或者无话可讲。

感谢信的翻译策略

这类文本言简意赅，可以直译。

参考译文

下面是第一封感谢信的参考译文。

亲爱的卡特琳，

亲爱的约亨，

我们想再次对你们的友好邀请表示感谢。

我们最近（在你们家进行的）的聚会真的太棒了！我们在你们那里感到很惬意，能够同老朋友们重逢，真是一件乐事。

下个月，我们将庆祝维利的升职。为此，你们自然已被邀请参加。相关的详情容稍后禀告。

期待不久再会！

你们的安娜和汉斯

2022 年 5 月 12 日于波恩

与此相关的中德跨文化交际问题

中国人爱写感谢信，有时还会送锦旗。至于被亲朋邀请参加聚会，写一封感谢信，这在中国似乎不常见。此外，上面提到，德国人参加聚会不会把未成年人带去，组织者也会考虑参加者的职业或者兴趣爱好，尽可能组织兴趣相近的人参加聚会。

唁函

背景知识

有生就有死，生死结伴。人的一生是短暂的。死亡是人类生活中的自然事件。为了表达对逝去亲朋的怀念以及哀思，我们会给逝者的家属写唁函。在现代汉语里，"唁函"就是"慰问死者家属的信"①。

德语里的 Beileidsschreiben，也有的词典里用 Beileidsbrief，指的就是汉语里的"唁函"。2019年版的《杜登德语通用大词典》则把 Beileidsschreiben 等同于 Kondolenzschreiben，根据上述德语词典，Kondolenz 在德语里等于 Beileid。Kondolenzschreiben 指的是 Schreiben, in dem jmd. bei einem Todesfall seine Anteilnahme ausdrückt②。

对某人父亲去世的唁函：

Bonn, den 13. Mai 2021

Lieber Herr Strassner,

über den Tod Ihres Vaters bin ich sehr traurig. Ich habe mit ihm einen wirklichen Freund verloren, der über viele Jahre hinweg an meinem Leben Anteil nahm. Ich werde ihn sehr vermissen.
Wenn Sie in dieser schweren Zeit Hilfe brauchen, rufen Sie mich bitte an.

Mit herzlicher Anteilnahme
Frank Meier

对某人母亲去世的唁函：

Lieber Alfred,

der Tod Deiner lieben Mutter hat uns sehr betroffen gemacht. Wir haben sie in ihrer liebevollen, selbstlosen Art sehr gemocht. Sie wird uns fehlen.

Vielleicht tröstet Dich der Gedanke ein wenig, dass sie nun von ihrem langen Leiden erlöst ist. Bitte ruf uns an, wenn Du Hilfe und Beistand brauchst.

Mit stillem Gruß

---

① 中国社会科学院语言研究所词典编辑室编：《现代汉语词典》第7版，商务印书馆，2016，第1513页。
② Dudenredaktion, Deutsches Universalwörterbuch 9. Auflage, Berlin: Bibliographisches Institut, 2019, S.1048.

唁函的文本特征

从结构上看，唁函一开始就是写信者对收信人的亲属之去世表示同情、哀悼，接着是对死者的评价。最后表达希望或者乐意提供必要的帮助。结尾礼辞方面，跟传统的信函极不相同。从语法上看，多种时态混用，追忆死者过去或者在谈到与死者生前交往时往往用过去时或者完成时。语气都是陈述语气。语序上看，主要使用反语序。文体风格上，主要使用高雅用语，以显得严肃庄重。词汇上与主题高度切合。

格式上左对齐。称呼语和结尾礼辞采用斜体，以示关心与哀悼。

唁函的翻译策略

这样的文本，其翻译要尽量使用书面语，以表达哀思与怀念，烘托严肃的氛围，尽可能意译。

参考译文

下面是第一封唁函的参考译文。

亲爱的施特拉斯纳先生：

对令尊的去世我感到非常难过。随着他的去世，我失去了一位真正的朋友。

他多年来（一直）关心我的生活。我将会非常想念他。

倘若您在这困难的时刻需要帮助，请给我打电话。

顺致深深的哀悼

弗兰克·迈尔 2021年5月13日于波恩

与此相关的中德跨文化交际问题

在德国，死者的家属在收到"唁函"之后，往往会登报回复亲朋的来信或者通过 Briefkarte 答谢。在中国则无此习俗。

下列是两则死者家属的答谢信：

例1：

Für die herzlichen Trostworte und die vielen Blumen- und Kranzspenden zum Tod meines lieben Gatten

Walter Schütte

Sage ich allen meinen aufrichtigen Dank.

Gesine Schütte
im Namen aller Angehörigen

例2：

Liebe Familie Schwald,

für die trostreichen Worte zum Tode meines lieben Vaters danken wir Ihnen.

Wir freuen uns, dass wir Menschen kennen, die mit uns fühlen. Dies hilft uns über den schmerzlichen Verlust ein wenig hinweg.

Mit herzlichen Grüßen
Ihre *Monika Klein*

必须指出，汉语的"讣告"，也就是德语的 Todesanzeige，不是"唁函"。此外，中国流行以单位的名义向死者家属发"唁电"或者"唁函"，这个在德国是没有的，因德国人认为个人的死亡是死者家庭的私事，与单位无关。另外，在中国，以个人的名义给死者家属发"唁电"，在德国也是没有的；在德国，人们往往会写信。

✓ 思考题

1. 翻译下列词语。

Danksagung, sich bei jmdm. wohl fühlen, der Einladung nachkommen/folgen, die Einladung annehmen, die Einladung Folge leisten

2. 翻译下列感谢信。

Liebe Marion,

wir sind Dir sehr dankbar für die große Hilfe, die Du uns auf der Geburtstagsfeier warst. Den Kartoffelsalat hätten wir nie so hingekriegt, und Deine Suppen schmeckten köstlich. Dann hast Du uns auch noch bei den „Aufräumungsarbeiten" geholfen.
Danke!
Solltest Du demnächst feiern, Anruf genügt! Wir stehen Dir als Helfer zur Verfügung.

Deine

3. 翻译下列唁函。

Lieber Alfred,

der Tod Deiner lieben Mutter hat uns sehr betroffen gemacht. Wir haben sie in ihrer liebevollen, selbstlosen Art sehr gemocht. Sie wird uns fehlen.

Vielleicht tröstet Dich der Gedanke ein wenig, dass sie nun von ihrem langen Leiden erlöst ist. Bitte ruf uns an, wenn Du Hilfe und Beistand brauchst.

Mit stillem Gruß

4. 翻译下列唁函。

毛泽东致周恩来（一九四二年七月十七日）

恩来同志：

　　十七日电悉。尊翁逝世，政治局同仁均深致哀，尚望节哀。重病新愈，望多休息，并注意以后在工作中节劳为盼。

毛泽东
十七日二十四时

第8章
征婚交友广告及常见告示的文本特征及其翻译策略

我们生活在一个广告时代。报纸、电视、电脑、手机等充斥着广告,在德语里,关于广告,有四个词:Anzeige, Inserat, Announce 和 Werbung。它们的区别是什么呢?

Anzeige 表示 in einer Zeitung, Zeitschrift, Website o.Ä. veröffentlichte private, geschäftliche oder amtliche Mitteilung, 指的就是刊登在报纸、杂志、网站等上面的私人的、商务的或者官方的通知、广告。Inserat 表示 Anzeige, Announce,指的是报刊中缝里的那种小广告。Announce 表示 Anzeige in einer Zeitung od. Zeitschrift,指的是报纸或者杂志里的广告。Werbung 表示 Gesamtheit werbender Maßnahmen; Reklame, Propaganda[①]。是一个总概念。

征婚交友广告

背景知识

根据2021年在德国举行的一项调查,结果表明,家庭依旧是最重要的社会单位之一;几乎90%的居民认为,在他们的优先权里,家庭居第一位;12岁到26岁的年轻人中的70%的人认为,人有了家才会幸福。征婚很正常。

征婚广告举例:

---

① Dudenredaktion, Deutsches Universalwörterbuch 9. Auflage, Berlin: Bibliographisches Institut, 2019, S. 2041.

> Selbstständiger Geschäftsmann, 45/185/88, blond, sportlich, angeblich sehr gut aussehend, vermögend, sucht natürliche, hübsche Sie, zw. 40 u. 45 J. Ich lache, esse und faulenze gerne.
>
> Bankangestellter, 30 Jahre, 168, schlank, etwas schüchtern, sucht nette Frau bis 30.
>
> Keiner dieser Superlativen, von denen Sie bis jetzt gelesen haben, trifft auf mich zu. Ich habe obendrein auch noch zwei Kinder. Sollte es Ihnen zu gutgehen oder Sie sich nicht abschrecken lassen und ca. 40 J. sein, so würde ich mich über Ihre Zuschrift freuen.
>
> Eva, 42, mollig, heimatverbunden, häuslich, kein Putzteufel, sucht einen lieben Partner. Er soll gut aussehen und vermögend sein.

征婚交友广告的文本特征

从结构上看，一般是匿名的或者只带名字的介绍，如名字、职业、年龄，身材信息（身高，体重，体型），个人的性格特点，想找一个什么样的人。从语法上看，一般都是使用现在时；句子的结构很简单，使用省略句很常见。语气方面，一般是直陈式，也可能是虚拟的。词汇上比较喜欢使用表达积极情感的词；某些表达有可能比较夸张，这与场景相关。格式上，都是左对齐。

征婚交友广告的翻译策略

这类广告都是讲个人的优点，但是，也有不少客观之处。翻译时可以采用直译的方法，间或采取意译之法。

参考译文

经济上站稳脚跟的商人，45 岁，身高 185 厘米，体重 88 公斤，金发，爱运动，长相漂亮，不差钱，寻找一位自然、漂亮的她，年龄在 40 到 45 岁之间，共度余生。我爱笑，爱享受生活，也喜欢懒散。

与此相关的中德跨文化交际问题

在德语的征婚广告里，征婚者不突出学历，但会讲自己的爱好，直接提出自己对心中另一半的要求，但是，今日德国征婚广告可能带有刊登者的照片，也可能要求对方邮寄照片；此外，在报刊上刊登征婚启事的比以前少，因为现在有大型征婚网站。中国的征婚广告往往强调财产、学历，但是，一概不谈自己的喜好，也不提对未来伴侣的要求。

出生告示

背景知识

一个新的生命之诞生，会给家庭带来喜悦。一般说来，在德国，孩子的父母要在孩子出生后的 1—3 个星期内发出生告示（Geburtsanzeige），也可能是当天跟亲朋好友分享为人父母的快乐。这样的出生告示主要包括如孩子名字、出生日期、时间、身高和体重、头发和眼睛的颜色。这种告示，一般由父母、孩子的哥哥姐姐或者爷爷奶奶来发布。

出生告示一：

> Unser Manuel hat heute ein Schwesterchen bekommen,
>
> die kleine GLORIA
>
> Wir freuen uns über die Geburt
>
> Bernhard und Regina Hammerstein
>
> Berlin, 25. Nov. 2021

出生告示二：

> ER IST DA!
>
> Peter Florian
>
> Mit stolzen 59 Zentimetern

und strammen 4500 Gramm

Beate und Siegfried Winter

Wetzlar, 12.5.2021

出生告示三：

Darf ich mich vorstellen?

Ich heisse

JULIA

geboren am 10. Juni 2019 in Oberhausen,

Tochter von Anna und Jakob Stiegler.

Zur Zeit bin ich im Klinikum Oberhausen,

Entbindungsstation. Zukünftig werde ich

Bei meinen Eltern

In Oberhausen, Fröhlichgasse 7, wohnen.

出生告示的文本特征

从结构上看，这类告示一开始就直言出生者及其相关信息，最后是父母的名字和刊登告示的时间和地点或者说未来将去什么地方。

从语法上看，一般使用现在时比较常见，在个别地方可能用现在完成时。语气上看，一般是陈述、祈使语气。语态上，有被动态。语序上看，正反语序交替使用。词汇与主题高度切合。

从格式上看，居中。从拼写上看，新生儿的名字全部大写，以表达喜悦与强调。

出生告示的翻译策略

主要以直译为主。

参考译文

第一则出生告示的译文如下：

我们的马努埃尔今天有了一个小妹妹，就是小格洛丽亚。

我们对孩子的出生感到由衷的高兴！

父母 Bernhard 和 Regina Hammertein 敬告

2021 年 11 月 25 日于柏林

与此相关的中德跨文化交际问题

德国人刊登的、关于孩子的出生告示形式很活泼。中国一般没有这样的风俗。

订婚告示

背景知识

正如大家所知，订婚就是男女订立婚约，是结婚的前奏。它预示着共同生活的大幕将在不久的未来拉开。可以说，订婚这件事起着承上启下的作用，是人生大事的第一步。在德语国家，热恋的情侣在报纸上刊登订婚告示（An-zeigen zur Verlobung）是很普遍的事，至少在德国如此。

图8.1　订婚告示

在德国，发布订婚的人可以是本人，也可以是父母。

当事人自己刊登的订婚告示：

Wir haben uns verlobt.

Rosi Berger und Joachim Klein

Stade, den 1. August 2022

父母刊登的、关于自己孩子的订婚告示：

Wir freuen uns, die Verlobung unserer Kinder Rosi und Joachim bekannt geben zu können.

Uta und Wolf Klein　　　　　　　　　　　　　　　　　　　　　Rita und Jan Berger

订婚告示的文本特征

从结构上看，直接言明双方已经订婚了，然后就是双方的名字、订婚地点和日期。语言上，时态主要是使用现在时或者间或使用现在完成时。语气都是直陈式。格式有居中的，也有左对齐的；签名则是有差别的，有的居中，有的是男方家长居左，女方方面居右签名。

订婚告示的翻译策略

这种订婚告示言简意赅，可以完全直译。

参考译文

第一则订婚告示的译文如下：

我们订婚了。

罗希·贝格尔携约阿希姆·克莱因谨启

2022年8月1日于施达德市

与此相关的中德跨文化交际问题

在中国，订婚也很受重视。但是，以父母的名义发布订婚消息并不常见。

结婚告示

背景知识

无论是在中国，还是在德国，刊登结婚告示（Anzeige zur Hochzeit）都较常见，在德国尤其如此。

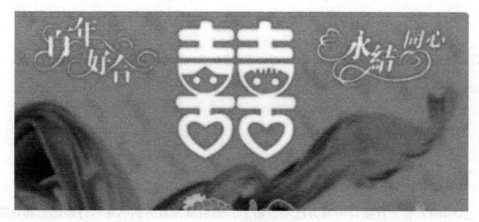

图8.2　结婚告示

新郎新娘刊登的结婚告示：

> Wir werden am 20. Sept. 2022 um 11.30 Uhr in der St.-Ursula-Kirche, in München, Friedrichstr. 3, getraut.
>
> Ulrike Weimer　　　　　　　　　　　　Anton Weimer
> geb. Stürmer
>
> Korbianstr. 22, 8000 München 40
>
> Tagesadresse:
>
> Restaurant „Iltis ", Sonnenstr. 4, München 2

新娘父母刊登的女儿结婚告示：

> Als glückliche Brauteltern freuen wir uns,
>
> die Vermählung unserer Tochter
>
> Birgit　Sunderberg
>
> mit Herrn Ottofried Benokovski
>
> bekannt geben zu dürfen.
>
> Die Hochzeit findet am 10. Sept. 2016 um11. 00 Uhr

in der St.-Martin-Kirche statt.

Luise und Adolf Sunderberg

Allershausen, den 5. August 2019

结婚告示的文本特征

从结构上看，一开始就表明举办婚礼的地点，再列新婚夫妇名字（女左男右）、教堂地址以及婚宴餐厅地址。语法上，一般以现在时为主；语序可能是正语序；语态上，主动态为主，也可能出现被动态。格式上，有居中的，也有左对齐的。

结婚告示的翻译策略

这类告示简洁明了，可以直译。

参考译文

下面是第一则结婚告示的译文：

我们将于 2022 年 9 月 20 日 11:30 分在慕尼黑弗里德里希大街 3 号的圣乌苏拉教堂举行婚礼。

新娘 Ulrike Weimer　　　　　　　　新郎 Anton Weimer

娘家姓氏：Stürmer

住址：Korbianstr. 22, 8000 München 40

白天婚庆地点：„Iltis"餐馆, Sonnenstr. 4, München 2

与此相关的中德跨文化交际问题

在国外，在教堂举办婚礼，很常见。必须指出，现在在德国刊登这种结婚告示仅限于教堂的报纸上。在中国，在宾馆或者餐馆举办婚礼比较常见。

金婚告示

背景知识

结婚已达 50 年，太不容易了！故刊登一个告示，庆祝金婚（Goldene Hochzeit）很正常。尤其是在德国，人们往往会庆祝一番。

当事人自己发布的金婚庆祝告示：

> Ihre goldene Hochzeit geben bekannt
>
> Martha und Erich Otto
>
> Gefeiert wird im Restaurant zum „Goldenen Weinfass",
>
> Liebiggasse 20, Rostock

以晚辈的口吻发布的庆祝长辈金婚的告示：

> Unseren Eltern, Großeltern und Urgroßeltern
>
> Martha und Erich Otto
>
> wünschen wir
>
> zur goldenen Hochzeit
>
> Gottes Segen und viele weitere glückliche Jahre.
>
> Die Kinder, Enkel und Urenkel

金婚告示的文本特征

结构上，告知庆祝对象和地点，如果是晚辈发布的，则要加上落款。语法上看，时态主要使用现在时；语气上都是直陈式；语态上会有被动态。词汇上与主题高度切合。格式上居中最常见。

金婚告示的翻译策略

本告示情真意切，可以直译，必要时也采取意译的方式，例如：Gottes Segen und viele weitere glückliche Jahre 可意译成：金婚幸福，寿比南山，福如东海。

参考译文

这是第二则庆祝金婚的告示的译文：

> 我们衷心祝愿我们的父母、爷爷奶奶和曾祖父祖母

玛尔塔·奥托与埃里希·奥托

金婚幸福，寿比南山，福如东海。

你们的孩子们、孙子们并玄孙们敬启

与此相关的中德跨文化交际问题

在德国，人们金婚时会有发布告示庆祝的习俗，中国则较少见。

生日告示

背景知识

庆祝生日是现代人的生活内容之一。生命的延续和兴旺是中国儒家文化比较看重的。

在德国，人们对于生日庆祝也是非常重视的。忘记了亲朋好友的生日将是一个极其严重的错误，甚至导致绝交。在中国，常见的做法就是买一个蛋糕，吃"长寿面"。但是，吃蛋糕这一习俗则是舶来品，起源于中古时期的欧洲。当时的人深信，在生日那天，恶魔最容易入侵灵魂，故在生日当天，邀请亲朋好友欢聚一堂，并且送蛋糕以带来好运驱逐恶魔。

图8.3　生日快乐

在德国，刊登生日祝贺告示（Glückwunschanzeigen）很常见，当然，这种告示并无严肃的形式。

家人刊登的生日告示：

Lieber Horst!

Alles erdenkliche Gute und viel Gesundheit

zu Deinem morgigen 48. Geburtstag

wünschen

Bernd und Reni

丈夫刊登的生日告示：

> Mein liebes Mäuschen,
>
> ich danke Dir für die 5077 Stunden, die Du mir bisher geschenkt hast. Du bist einfach „spitze", und ich kann mir ein Leben ohne Dich nicht mehr vorstellen. Ich liebe Dich!
>
> Dein Bärli

生日告示的文本特征

这类文本从结构上看，主要表示祝愿或感谢。语法上看，基本上使用现在时，句子的结构可能复杂，也可能简单；语气是陈述式；语序可能是正反语序。词汇与主题相关。格式有居中的，也有左对齐的。拼写上可能大写人称代词。

生日告示的翻译策略

直译为主。

参考译文

下面是第二封告示的参考译文：

亲爱的霍斯特！

　　明天就是你的48岁生日，祝你万事如意，身体健康！

贝恩特和雷娜敬贺

与此相关的中德跨文化交际问题

在西方一般不能提前祝寿；在中国，庆祝生日，可以送红包（Geldgeschenk）。另外，在德国，一般都是在周末庆祝生日，而不是在生日当天，比如周一生日，都会改在周末庆祝，以便能够庆祝个够；在中国一般是在生日的当天庆祝。

总之，过生日与祝寿一样是中西文化中都有的现象。我们认为庆祝生日具有重要的意义。一方面，它表明我们尊重生命，感恩父母；另一方面，它丰富了我们的生活，增进了亲朋好友的情感。

思考题

1. 翻译下列征婚交友广告。

Chefsekr., 40, 168/57, hübsch, blond, mit Sohn(13), sucht einfühlsamen, gescheiten, humorvollen Partner bis 40. Er soll beruflich engagiert und vielseitige Interessen haben, sportlich sein, aber auch faulenzen können.

2. 翻译下列征婚交友广告。

a. 男士个人征婚：38岁，1.78米，未婚，本地人，有房，寻35~40岁心地善良的女士为伴。不介意婚史。联系电话：13562110131。

b. 女29岁，1.70米，离，楼车，个体，外地，寻35有事业心的男士为伴。联系电话：13562110133。

3. 翻译下列告示。

Unseren Eltern und Großeltern

   Martha und Erich Otto

wünschen wir zur silbernen Hochzeit

alles Gute und viele glückliche Jahre.

   Die Kinder und Enkel

4. 翻译下列出生告示。

Auch die glücklichen Großeltern können das freudige

Ereignis mitteilen:

Unser erstes Enkelkind ist da!

Alexander

12. August 2019

Martha und Herbert Huber

第9章
讣告、出租与寻找房屋广告、出售物品广告以及求购请求的文本特征及其翻译策略

讣告

背景知识

哲学家庄子曾在《庄子·内篇·养生主》里说道:"吾生也有涯……"用今天的话来说就是,人的生命是有限的。生和死是一对孪生兄弟。无论是在德国,还是在中国,家人死后都要发布讣告(Todesanzeige)。尤其是在德国,要在报纸上登报,以便亲朋知道。在中国,比如在南方农村,都是派专人去通知亲朋。

最后,在德国和中国城市,死者一般安葬在公墓里。

关于祖母去世的讣告:

Elfriede Otto

* 6. Mai 1892   † 17. August 1991

Nach langer, schwerer Krankheit wurde heute unsere liebe Großmutter und Urgroßmutter von ihrem Leiden erlöst.

In stiller Trauer:

> Beate und Otto Werner
>
> Familie Berger
>
> Die Beerdigung findet am 20. August um 8.30 Uhr auf dem Westfriedhof statt.

晚辈去世的讣告:

> Unser geliebter Sohn, Bruder und Neffe
>
> **Alexander Burghardt**
>
> *23. Oktober 1970
>
> ist am 13. Juli gestorben. Wir trauern sehr um ihn.
>
> Familie Burghardt
>
> Familie Sander
>
> Die Beerdigung findet im engsten Familienkreis statt.

讣告的文本特征

从结构上看,德语的讣告,第一行是粗体的死者的名字(也可能是关于死者的身份的说明,比如死者是谁谁的儿子或者兄弟或者侄子等),第二行是死者的出生年月、死亡时间、死亡原因(可省去),接着是谁表示沉痛哀悼,最后是葬礼在什么时间、地点举行。

讣告的语法特征

时态上,基本是使用现在时,也有使用完成时的;语序上,正语序居多;语气上,多为陈述;语态上,偶尔也有被动态。

词汇上,多与场景相关:Nach langer, schwerer Krankheit erlost wurde, ist gestorben, Die Beerdigung, Westfriedhof.

格式:居中。写法:死者名字用加粗字体。

讣告的翻译策略

直译为主。下面是第一则讣告的译文。

参考译文

我们的亲爱的祖母、曾祖母埃尔弗里德·奥托

生于1892年5月6日，在经历了长期的、严重的疾病之困扰之后于1991年8月17日去世。

贝亚特并奥托·维尔纳

贝格尔一家　谨启

对死者深表哀悼

葬礼将于8月20日8:30在西方公墓举行

与此相关的中德跨文化交际问题

在德国，对教会做出贡献者，死后可能安葬在教堂门口的地里。在中国，死者一般都安葬在很偏远的地方，因为人们深信墓地阴气重。最后，中国人比较相信风水，尤其是古代。

出租与寻找房屋广告

背景知识

在我们的生活中，因每个人的具体情况不同，有人租房或者找房（Wohnungssuche），有人出租房屋（Wohnungsvermietung）。这类广告叫作住房广告（Wohnungsanzeige），属于广义上的不动产广告（Immobilienanzeige）。在德国，租房很正常。根据一项统计，49%的德国人没有个人住房。更重要的是，在德国无论是结婚，还是日常生活，没有个人住房，一点也不丢脸。在德国，为了维护自身利益，甚至早就成立了全国性或者地区性的房东协会（Vermieterverband）和房客协会（Mieterverband）。

找房广告：

Jurastudentin, Nichtraucherin, sucht sep. Zimmer bis zu 400Euro in Uninähe. Tel. 040-67 89 09

chinesischer Student sucht Zimmer. 12~16 m², Warmmiete: bis 450 Euro. Tel. 040-566110

房屋出租广告：

Neubauwohnung: komfortabel, 3 Zi., Einbauküche, Bad, Balkon für Euro 950, zu vermieten.Tel.:040- 88 78 89

2-Zi.-Whg.im Zentrum von Bochum, EG, kl. Terrasse, Miete 570, 00 Euro kalt+NK, auf Wunsch Stellplatz. Chiffre XO 3458

Sep. Zimmer, 20 qm, Flughafennähe, 550 Euro, nur an ruhigen, alleinstehenden deutschen Herrn, Wochenendfahrer, NR, zu vermieten. Mithilfe im Garten erwünscht. Tel.: 040-34 44 55

2 Zimmerwohnung in Wedding zu vermieten! 60 m² Fläche. Kaltmiete 690 Euro. Adresse：Grüntaler Str. 27/28, 13357 Berlin, Gesundbrunnen. Tel. 38 45 68

房屋出租（找房）广告的文本特征

这类找房广告的结构就是，谁找什么房间，可以接受的房租，理想的住房地点（可选），电话号码。语法上，就是使用第三人称，泛指，使用现在时态，省略句。语态都是主动态。词汇与找房相关。

这类出租房屋广告的结构特点是，某住房，面积大小是多少，房租多少，联系电话；有的明确指出只出租给谁。有的在广告末尾出现了：Chiffre XO 3458。这是要求感兴趣者给报社写信，由报社转交给广告的刊登者。这是收信的邮箱。语法上看，使用现在时、省略句、主动态，词汇与主题高度相关，必须有联系电话。

房屋出租（找房）广告的翻译策略

这类广告直接、客观，完全可以采用直译的方法。

参考译文

这是第一则找房广告的参考译文。

> 法律系女大学生，不抽烟，正在寻找一个独立房间，房租400欧元以内，且住房在大学附近。联系电话：040-67 89 09。

与此相关的中德跨文化交际问题

我们每一个人都希望有一个良好、舒适、整洁、干净的生活环境。有时，我们也难免租房住。在国外留学时，学成归国前，都要退房。我们会按合同要求打扫房间；居住长于三年的，还要自费粉刷所在房屋。损坏东西要赔偿。这些都是天经地义的。

在中国，房东起草的房屋出租广告可能更详细，也不可能说只租给"中国人"；更不可能说"希望房客做修枝剪叶的工作"。汉语求租房屋广告，也会很长，而且一般不用说租房者的身份。

出售物品广告

背景知识

在日常生活中，我们常常出于工作变迁、学成归国、重复购买、不再需要等各类原因，而出售闲置物品。于是，就出现了出售物品广告（Verkaufszanzeige）。这类闲置物品出售广告，五花八门。

图9.1 出卖二手物品

出售物品广告：

Verk. Waschmaschine(Miele), ca. 5 J., Frontlader, Sparprogramm, 90 Euro, Tel. 03

> 35/27 43 45
>
> Siemens-Spülmasch., 1 J., neuwertig, VB 350 Euro, Tel. 0335/20 89 55
>
> Kleiderschrank, schwarz, 120 x 90, neuwertig, 200 Euro, Tel.: 0335/33 23 24, Freitag ab 19.00 Uhr
>
> Kinderbett, 90 x 150, Kiefer, (Neuwert 250, -Euro), 100 Euro, Tel.: 0335/ 12 22 21, Samstag ab 10.00 Uhr

出售物品广告的文本特征

从结构上看，可能出现动词 Verk.（=Verkauf），接着列出物品、规格（可选）、使用年限、物品的状况、特点（可选）、出售价格、联系电话、联系时间（可选）。时态为现在时，句法上多为省略句。使用缩略语。格式为左对齐。

出售物品广告的翻译策略

对于这种广告，我们直接采用直译法，必须添加字词，否则，不好理解。

参考译文

下面是上述第一则广告的译文。

> 今有米勒（Miele）牌洗衣机一台供出售。使用年限：大约五年；前端开门，放入待洗衣物，带经济洗涤程序，售价：90 欧元。联系电话：03 35/27 43 45。

与此相关的中德跨文化交际问题

汉语里出售二手物品，一般没有"价格的起始价或者谈判基础"，价格说多少就多少：转让三洋波轮全自动洗衣机一台，八成新，正常使用，上下水管齐全，2010年国美购买，200元西城牛街自取。联系人：杨先生，手机号：158 107599 x。汉语里的这类广告也无几点或者周几可以打电话来询问等语句。这就是中德出售广告的差别。

求购请求

背景知识

在我们的日常生活中，无论是在国内还是在国外，我们会因为需要求购某物。这样我们就可以而且必须通过求购请求（广告）（Kaufgesuche）来实现我们的愿望。

图9-2　求购物品

Couchgarnitur, Rattan, u.Tisch zu kaufen ges. Tel.: 040/76 77 87

Junges Ehepaar sucht günstig kompl. Wohnzimmer. Helle Möbel. Tel.: 040/55 56 43

Studentin sucht billig Fernseher, auch schwarzweiß. Tel.: 040/88 99 98

求购请求的文本特征

从结构上看，要么直接说要买什么品质的东西，然后，留下电话；要么言明谁想买便宜的什么东西并留下购买者电话。时态都是现在时，语序基本上都是正语序。句子可能完整，也可能是省略句。词汇与场景高度相关；格式为左对齐。很可能使用缩略语。

求购请求的翻译策略

直译即可。但是，根据具体情况要增补词句。例如下面的参考译文里的Couchgarnitur在德语里，指 aus Couch und zwei Sesseln bestehende Polstergarnitur。很显然，它不是简单的长沙发，必须增补词语，否则就会内涵不符合客观实际。

参考译文

下面是第一则求购物品的广告之译文：

　　本人求购由长沙发和两个单人沙发组成的整套弹簧垫沙发、藤条和桌子。联系电话：040/76 77 87

与此相关的中德跨文化交际问题

汉语里的求购请求或者广告一般不会提供求购者的信息。

思考题

1. 翻译下列讣告。

Unser geliebter Sohn, Bruder und Neffe

Alexander Burghardt

*23. Oktober 1970

ist am 13. Juli gestorben. Wir trauern sehr um ihn.

Familie Burghardt

Familie Sander

Die Beerdigung findet im engsten Familienkreis statt.

2. 翻译下列出租房屋广告。

Sep. Zimmer, 20 qm, Flughafennähe, 550 Euro, nur an ruhigen, alleinstehenden deutschen Herrn, Wochenendfahrer, NR, zu vermieten.Mithilfe im Garten erwünscht. Tel.: 34 44 55

3. 翻译下列广告。

林湖景苑小区，精装独门独户一室一厅一卫，54平，距离4号线仁和路地铁口1千米，月租金：1500元，押金一付三。联系电话：027-77 88 90 90

4. 翻译下列广告。

Kinderbett, 90 x 150, Kiefer, (Neuwert 250 Euro), 100 Euro Tel.: 0335/ 12 22 21, Samstag ab 10. 00 Uhr

5. 翻译下列出租房屋缩略语。

OG, EG, Kt, KM, NK, WM

第10章
个人写给官方的正式信函的文本特征及其翻译策略

什么是个人写给官方的正式信函

背景知识

作为个人，我们免不了要和公家打交道，或因为工作或因为其他事情。为此，我们需要写信给官方机构进行沟通。

因收入所得税问题致信税务局：

Petra Schulz

Hamburger Straße 32

22450 Hamburg

Finanzamt Hamburg Nord

Einkommensteuerstelle

Hamburger Straße 2

22450 Hamburg   Hamburg, 12.02.2021

Steuernummer 32587/023

Einkommensteuer 2020 /Antrag auf Stundung

Sehr geehrte Frau Winterstein,

ich bin seit drei Wochen wegen eines Herzinfarkts im Krankenhaus, und anschließend muss ich zur Kur.

Deshalb sehe ich mich nicht in der Lage, den Termin für die Einkommensteuererklärung einzuhalten. Das Attest meines behandelnden Arztes habe ich diesem Schreiben beigelegt.

Ich bitte Sie, den Abgabetermin zu verlängern.

Mit freundlichen Grüßen

Max Schmidt

Anlage

Attest Dr. Heider

因个人工作问题致信移民局：

Mary Poppelmann

Goethestraße 12

212383 Husum

Stadtverwaltung Husum

Ausländerbehörde

Friedrichstraße 13

212383 Husum　　　　　　　　　　　　　　　　　Husum, den 12. Okt. 2021

Antrag auf Genehmigung einer selbstständigen Arbeit

Sehr geehrte Damen und Herren,

seit kurzem bin ich in Husum unter der o.a. Adresse mit einem Wohnsitz gemeldet. Meine Aufenthaltserlaubnis gestattet mir aber nicht die Ausübung einer selbstständigen

Tätigkeit.

Da ich ein Angebot erhalten habe, ab und zu freiberuflich als Grafikerin zu arbeiten, bitte ich Sie, meine Aufenthaltserlaubnis entsprechend abzuändern und die Auflage Selbstständige Erwerbstätigkeit nicht gestattet zu streichen.

Wie aus dem beigefügten Diplom der Universität Toronto und dem Arbeitszeugnis meines früheren Arbeitgebers hervorgeht, verfüge ich über eine ausreichende Qualifikation für diese Berufstätigkeit. Mein Lebensunterhalt ist durch die Berufstätigkeit meines Mannes gesichert.

Ich bitte Sie, den Antrag zu prüfen und mir baldmöglichst einen Bescheid zukommen zu lassen.

Mit freundlichen Grüßen

Mary Pöppelmann

个人写给官方的正式信函的文本特征

从结构上看，首先有一个粗体"事由"。第一段讲自己的具体情况，接着说明原因，最后，提出个人请求。

从语法上看，现在时和现在完成时居多。从语气上看，是陈述，直陈式；从语态上看，主动态为主。语体上，比较正式，全面使用书面语。词汇上与主题相关。格式上左对齐。在格式上，称呼语和结尾礼辞采用斜体，事由栏粗体，以引起注意。这是其他信函很少见的。个人签字是必须的。

个人写给官方的正式信函的翻译策略

这样的信函可以直译。当然，也要根据具体情况进行文字上的增减。

参考译文

第一封信的参考译文：

事由：
税务号：32587/023
2020 收入所得税／申请延期递交

尊敬的温特施泰因女士：
三周以来，我因为发生了一次心肌梗死住在医院里。接着我得去疗养。

故我觉得自己无法遵守按期递交个人收入所得税声明。随信附上我的主治医生开具的关于我患病的医生证明。

我请求您允许我延长个人收入所得税递交日期。

顺致友好问候

马克斯·施密特　　　　　　2021 年 2 月 12 日于汉堡

附件：
海德尔医生开具的患病证明

与此相关的中德跨文化交际问题

在个人写给官方的汉语公函里，一般没有"事由"栏。在上述官方信函里，施密特先生实事求是地向税务局反映自己的情况，是一个老实的公民。

思考题

1. 翻译下列词语。

Die Ausländerbehörde, das Finanzamt, die AOK, der ADAC, das Amtsgericht

2. 翻译下列信函。

Husum, den 12. Okt. 2021

Antrag auf Genehmigung einer selbstständigen Arbeit

Sehr geehrte Damen und Herren,

seit kurzem bin ich in Husum unter der o.a. Adresse mit einem Wohnsitz gemeldet. Meine Aufenthaltserlaubnis gestattet mir aber nicht die Ausübung einer selbstständigen Tätigkeit.

Da ich ein Angebot erhalten habe, ab und zu freiberuflich als Grafikerin zu arbeiten, bitte ich Sie, meine Aufenthaltserlaubnis entsprechend abzuändern und die Auflage Selbstständie Erwerbstätigkeit nicht gestattet zu streichen.

Wie aus dem beigefügten Diplom der Universität Toronto und dem Arbeitszeugnis meines früheren Arbeitgebers hervorgeht, verfüge ich über eine ausreichende Qualifikation für diese Berufstätigkeit. Mein Lebensunterhalt ist durch die Berufstätigkeit meines Mannes gesichert.

Ich bitte Sie, den Antrag zu prüfen und mir baldmöglichst einen Bescheid zukommen zu lassen.

Mit freundlichen Grüßen

Mary Pöppelmann

第11章
工作（实习）证明、个人简历以及成绩单的文本特征及其翻译策略

工作（实习）证明

背景知识

在我们的日常生活和工作中，我们可能因为某种原因要跳槽或者要去实习。那么，在结束工作的同时，在德国，雇员会要求原来的公司或者学校或者机构为自己写一个工作证明，以备今后求职用。这个要求原雇主给自己开工作证明的做法，在德国很正常。假如实习结束了，作为实习生，也可以要求对方为自己开一个实习证明。这些证明对于补充完善我们的工作或者学习履历很重要！否则，在德国会被认为个人履历是有缺失的。

简单的工作证明：

Sprachstudio Hamburg　　　　　　　　　　　　Hamburg, den 20. Juni 2004

Hoehe Luftbrücke 15

22453 Hamburg

Arbeitsbestätigung

Herr David Weber, geboren am 23. Nov. 1970 in Hamburg, war vom 5. Januar 2003 bis den 5. Januar 2004 als Englischlehrer bei uns tätig.

(Unterschrift)

复杂的工作证明：

Arbeitsnachweis

Prof. Dr. Karl Meier, Dean

German Language & Lit. Dept.   Email: davidlehman@eyou.com

Binhai School of Foreign Affairs   Tel. 0086-22-6325 7740

Tianjin Foreign Studies University   Fax: 0086-22-6325 0026

No. 60 Beihuan Street, Dagang District   http://bhws.tjfsu.edu.cn

Tianjin PRC, Zip:300 270

Tianjin, den 15. Juli 2004

Arbeitsnachweis

Hiermit bescheinige ich, dass Frau Katja Modis, Austauschstudentin aus der Universität Heidelberg, in dem Zeitraum vom 1.September 2006 bis 15. Juli 2007 in meiner Abteilung folgende Lehrtätigkeit ausgeübt hat. Das Studienjahr 2006/2007 besteht hier aus dem Herbst- und Frühlingssemester.

1.Basisdeutsch für Klasse 050303, 2 St wöchentlich im Herbstsemester 2006/07

2.Leseverstehen für Klasse 050303, 2 St wöchentlich im Herbst semester 2006/07

3.Aufsatz für Klasse 050303, 2 St wöchentlich im Frühlingssemester 2006/07

4.Mündliche Sprache für Klasse 060303, 2 St wöchentlich im Frühlingssemester 2006/07

Frau Modis ist freundlich und verantwortungsvoll. Dabei hat sie ihre große Bereitschaft und hohe Motivation gezeigt. Wir sind mit ihrer Arbeit hier sehr zufrieden und wünschen ihr viel Erfolg bei ihrem Studium.

(Unterschrift)

实习证书：

Praktikantenzeugnis

    Goethestraße 12
    5900 Siegen 1
    20. Nov. 2021

Herr Jens Meier, geb. am 12. März 1990 in Prag, war in der Zeit vom 10. Jan. 2010 bis 9. Jan. 2011 in der Werkstoffabteilung Sonderstähle des Hauptbetriebes Qualitätswesen und Forschung bei unserer Tochtergesellschaft der Krupp Südwestfalen AG, Werk Geisweid, als Praktikant tätig.

Im Verlauf des Praktikums wurden Herrn Meier alle Unterlagen zur Herstellung, Weiterverarbeitung und Qualitätskontrolle von Ventilstählen zur Verfügung gestellt, wobei sich sein Interesse besonders auf die austenitischen Ventilstähle konzentrierte. Die theoretischen und labormäßigen Erkenntnisse wurden durch Besichtigung der Betriebsstätten zur Fertigung von Ventilstählen in Geisweid und Hagen erweitert und vertieft. Ebenso konnte der Besuch in einem Ventilwerk der deutschen Automobilindustrie ermöglicht werden, den Herr Meier mit sehr großem Interesse wahrnahm.

Sein freundliches, hilfsbereites und zuvorkommendes Wesen wurde von allen geschätzt, die ihn kennen lernten.

Er war stets pünktlich, fleißig und gewissenhaft.

Wir wünschen Herrn Meier für seine weitere Tätigkeit alles Gute.

KRUPP STAHL AG

(Unterschrift)

工作（实习）证明的文本特征

从结构上看，这种工作证明，一般包括：（1）姓名、出生年月日、出生地点；（2）工作时间与内容；（3）对工作（学习）及人品的评语（确认语气，文字简练）；（4）祝愿、地点、日期（右上角）、签字（文末）。

从语法上看，这类证明或者实习证书，由于讲的是过去的事，是对过去的工作进行总结，大多用过去时。语气多为直陈式，间或有被动态；句子结构根据内容讲述的情况，有复杂的，也有简单的。词汇与场景密切相关。格式是左对齐。

工作（实习）证明的翻译策略

对于这类文本的翻译，大多只需直译。视具体情况，进行词句的必要增删。

参考译文

第一则工作证明的参考译文：

Sprachstudio Hamburg

Hoehe Luftbrücke 15

22453 Hamburg

工作证明

兹证明，大卫·韦伯先生，出生年月：1970年11月23日，出生地：汉堡，从2003年1月5日到2004年1月4日在我公司从事英语教师工作。

（签字）

2004年1月4日于汉堡

与此相关的中德跨文化交际问题

实习是每一位德国大学生必经之路。实习的意义在于把所学的东西，理论的、书面的，变成实际的、可行的、可用的知识，以便为走向社会做好准备，同时锻炼我们的动手能力，培养我们严谨的工作态度。可是，有些人并不这么想，认为实习可有可无，花钱买个实习证明或者找熟人弄个假的实习证明，这显然是错误的。

德语的工作证明，可能不写评语，也可能写评语。汉语的工作证明，可能给出员工的学历、职务、身体状况，这在德国是比较少见的。

假如我们对某位已经辞职了的员工工作很满意，就应该多写几句溢美之词。这在德国和中国都是可以的。

个人简历

背景知识

我们在求职时，需要投递简历。个人简历可以反映一个人的教育背景、实习经历、兴趣爱好等，可以让招聘单位快速了解求职者的基本情况。

在德国，简历一般都写成表格式的（tabellarischer Lebenslauf），文字式的简历早已过时。

图11.1　个人简历

此外，德语版的个人简历也必须在末尾签字并署上日期。

一则规范的个人简历：

Lebenslauf	
Persönliche Daten	
Name und Geschlecht	Tingting HE, weiblich
Geburtstag und -ort	28.09.1987, Kreisstadt Songzi, Provinz Hubei
Staatsangehörigkeit	chinesisch

Familienstand	ledig
Handynummer	(0086)15 122 559 500
E-Mail-Adresse	shanzhi920@163.com
Schulbildung	6 Jahre (09.1993-07.1999) Grundschule
	6 Jahre (09.1999-07.2005) Unter- und Oberstufe der) Mittelschule
Studium	4 Jahre (09.2005-07.2009) Germanistikstudium an der Binhai School of Foreign Affairs of Tianjin Foreign Studies University. Davon ein Jahr als Austauschstudentin an der Universität Heidelberg (09.2005-06.2006).Hauptfach Germanistik, Nebenfach Angelistik.
Arbeitserfahrung	einmonatige Englischlektorin für den Intensivkurs (07. 2006) im Sommercampus 2006
	Lokalreiseleiterin im August 2006 in Hainan
	Reiseleiterin in Hainan und Begleitung einer ausländischen Reisegruppe im Juli 2008
	Verkaufsassistentin in einem Heidelberger Geschäft (09.2005-12.2005).
Hobby	Tischtennis, Tanzen, Singen
Computerkenntnisse	Word, Excel, Powerpoint, Foxpro, Outlook, Internet; chinesische Software etc.
Sprachkenntnisse	Chinesisch(Muttersprache), Deutsch sehr gut, Englisch gut und ein wenig Kantone-

sisch und Spanisch

Unterschrift. Tianjin, den 10. März 2009

个人简历的文本特征

从结构上看，这种简历都是按提示词来进行的，例如，常见的提示词分别是：Persönliche Daten, Schulbildung, Studium, Arbeitser-fahrung, Hobby, Sprachkenntnisse, Computerkenntnisse。当然，关于提示词Persönliche Daten, 有人习惯使用Zur Person或者Persönliches；针对Schulbildung, Studium, 有人习惯使用Bildungsweg；在局部例如大学学习等，是按时间离得远的排在所在部分最后面，例如有人念了本科、硕士和博士，先讲博士阶段的学习，再硕士，再本科阶段学习。谈工作经验时，也是如此。这种把发生在最近或者比较靠近一点的事情先讲，距离最远的后讲，也是可以的。必须整个简历里都如此才可以。

个人简历也是因人因事而异的。例如，有人获得了奖励，有人有B2等级驾照，都可以列上。一句话，简历的详细程度取决于求职者的具体情况。假如你去大学求职，你就应该补上科研成果；假如你去当导游，你就补上驾照或者导游实习。

语法上，不完整的句子都是使用名词体（Nominalstil）。词汇上与简历密切相关。格式是左对齐，"简历"（Lebenslauf）一词居中，粗体。

个人简历的翻译策略

这种简历，只需直译。

参考译文

个人简历

个人数据：

姓名与性别：　　何婷婷，女
出生时间与地点：1987年9月28日于湖北省松滋市
国籍：　　　　　中国

婚否：	未婚
手机号：	(0086)15 122 559 500
电子邮箱：	shanzhi920@163.com
基础教育：	6 年小学教育 (09.1993—07.1999)
	6 年中学教育 (09.1999—07.2005)
大学教育：	4 年大学教育（09.2005—07.2009），就读大学：天津外国语大学滨海外事学院。其中一年在德国海德堡大学做交换生（09.2005—06.2006）。所学专业：德语语言文学（主修），英语语言文学（辅修）。获学士学位。
工作经验：	在海德堡一家商店任兼职销售助理（09.2005—12.2005）。2006 年夏令营做一个月的英语教师（07.2006）。2006 年 8 月在海南省做导游，2008 年 7 月在海南省为一个外国旅游团当导游。
业余爱好：	乒乓球、舞蹈、唱歌
计算机知识：	Microsoft 办公软件、中文软件等
语言知识：	汉语（母语），德语非常好，英语好，会一点广东话和西班牙语

何婷婷（签字），2009 年 3 月 10 日于天津

与此相关的中德跨文化交际问题

首先，中国的简历有"自我评价""求职意向"等栏目，在"基本信息"里甚至列出了身高，这些在德语简历里是十分罕见的。其次，汉语简历的顺序和德语里的不完全一致。汉语里的简历顺序，常见的是：基本情况、意向职位/求职意向、教育经历、工作经历、语言水平、计算机能力、自我评价等。

其次，德语的表格式简历，是按提示词形式来陈述，并非本身就是一栏一栏组成的

真正表格；汉语的表格式简历就是真正的表格，求职者在里面填写。

此外，德语的简历，可以按照上面说的，既可以按时间发生的先后来写，也可以按倒叙的方法，即按实际上最靠近的先讲。汉语里一般不能如此。就说接受教育的时间段写法，德语里有以下三种形式可供使用：08/2000 – 06/2004（Monat und Jahr）、01.08.2000 – 17.06.2004（Tag, Monat und Jahr）和 2000 – 2004（nur Jahr）。汉语里则没有这么多的可供选择。

最后，汉语的简历多为一页，德语的最多不能超过两页。特别强调的一点是：德语简历最后，需要求职者签名并列上日期！

成绩单

背景知识

每位学生都会有成绩单（Schulzeugnis）的，更知道成绩单的重要性。一般来说，成绩单清楚地记录了一位学生都学习了什么，具体成绩是多少。也会有具体的评语。

德国巴伐利亚州成绩单：

Schulzeugnis

Schuljahr 20 03/04   1. Halbjahr   Klasse 9b

Jens Krüger

Vor- und Zuname des Schülers/der Schülerin

geboren am 22. 8. 89 in München

Pflichtunterricht

Deutsch	4	Mathematik	4
Rechtschreiben	4	Physik/Chemie	5
Englisch	5	Biologie	3
Latein	5	Musik	2
Welt- und Umweltkunde	3	Kunst	2

Religion	4	Werken	2
Werte und Normen	4	Textiles Gestalten	/
Sport	1		

Wahlpflichtunterricht und wahlfreier Unterricht

Italienisch   4

Bemerkung

Jens ist bei seinen Mitschülern sehr beliebt.

Goslar, den 1.Febr. 2004

Datum der Ausstellung

Werner   Schmidt   K. Müller

Klassenlehrer(in)   Schulleiter(in)

gesehen: Arnd Kruger

Unterschrift eines Erziehungsberechtigten

成绩单的文本特征

从结构上看，这类成绩单一开始是学年、班级、学生姓名、出生日期与地点、义务课程（必修课程）及其具体成绩、限选和自由选修课程及其分数、学期评语、班主任、校长、家长签字。这份成绩单是巴伐利亚州的。在其他州有缺课天数、未请假次数的记录。有的是学校盖章。总之，结构上在不同的联邦州是有差异的。

从语法上看，很少使用时态。假如使用，也是现在时，句子几乎都是省略的。格式：左对齐。但是，课程类别是必修课和限选以及自由选修的课程必须以粗体的形式出现，且居中。

成绩单的翻译策略

对于这种成绩单的翻译，直译即可。同时，要注意增减字，否则，不容易弄懂。上文中倒数第二行 gesehen，指的是 zur Kenntnis nehmen 知晓某事，肯定不能翻译成"审阅",因为家长无权审阅某物的。

参考译文

成绩单

学年：2003/4 上半年　　班级：9b

学生姓名：Jens Krüger

出生日期与地点：1989年8月22日，慕尼黑

必修课

德语：	4分	数学：	4分
正字法：	4分	物理/化学：	5分
英语：	5分	生物：	3分
拉丁语：	5分	音乐：	2分
世界地理与环境：	3分	艺术：	2分
宗教：	4分	劳动：	2分
价值与准则：	4分	纺织设计：	/
体育：	1分		

义务选修课与自由选修课

意大利语：　　　4分

简短评语

同学们都很喜欢 Jens 同学。

签发时间与地点：2004年2月1日于戈斯拉尔

班主任：Werner Schmidt　　校长：K. Mueller

对子女有教育权利的家长知晓本成绩单并签字：Arnd Krüger

与此相关的中德跨文化交际问题

我国的中小学，尤其是近年来学生成绩单上不再有具体成绩，而是采用等级制，如 A++，A+，A- 等来打分，目的是为了淡化竞争意识，避免打击后进学生的积极性。另

外，评语里也不指出学生的不足，也不要求家长在成绩单上签字。

☑ 思考题

1. 翻译下列实习证明。

Frau Lisa Lehmann

Holunderweg 91

22453 Hamburg

Praktikanten-Zeugnis

Fraulein Lisa Lehmann, geb. am 12.03.1998 in Bonn, war vom 03.09.2018 bis 30. 05.2019 in der deutschen Abteilung der School of Translation Studies als Praktikantin im Fach Deutsch als Fremdsprache tätig. Ihre deutschen Kenntnisse und erfolgreiche Unterrichtsmethode haben sich auf die Aneignung und Anwendung der deutschen Sprache für die chinesischen Studenten vorteilhaft ausgewirkt. Auch können wir Frau Lisa Lehmann bescheinigen, dass sie gewissenhaft und verantwortungsbewusst war. Sie kam mit den chinesisehen Studenten sehr gut aus. In dieser kurzen Zeitspanne haben sie nicht nur gute Lehrer-Studenten-Verhältnisse, sondern auch freundschaftliche Beziehungen zueinander hergestellt und gepflegt. Auch die kollegiale Zusammenarbeit war einwandfrei.

Wir wünschen ihr für ihr Studium und ihre Zukunft guten Erfolg.

(Unterschrift)

Weihai, den 31.05.2019   Dekan der School of Translation Studies

　　　　　　　　　　　　　　der Universität Shandong in Weihai

2. 翻译下列实习证明。

实习证明

兹证明胡风，性别男，身份证号码：4201061980000xxxx，自 2018 年 3 月 7 日入职，2018年8月24日离职，在职期间担任助理会计职务。

特此证明。

单位：威海市火炬高技术产业开发区金枫叶书店
日期：2018年8月25日

3. 翻译下列成绩单。

Zeugnis

Vor-und Zugname: Max Klein geboren am: 01.01.2000			
Klasse: 10a Schuljahr: 2018/19 1. Halbjahr			
Versäumte Unterrichtstage: 3 davon unentschultigt: 0			
Leistungen:			
Deutsch	4	Mathematik	5
Englisch	4	Physik	5
Biologie	2	Chemie	5
Geschichte	5	`Musik	4
Geografie	5	Sport	1
Religion	Nicht anwesend	Kunst	5
Sexualkunde	1		

第12章
应聘信函与应聘回复信函的文本特征及其翻译策略

应聘信函

背景知识

我们任何人一旦完成了学业，想进入社会，就要写求职信（Anschreiben）；或者因为对现有职位不满意，要跳槽，也要写求职信。写求职信是常有的事，也是需要注意的事。

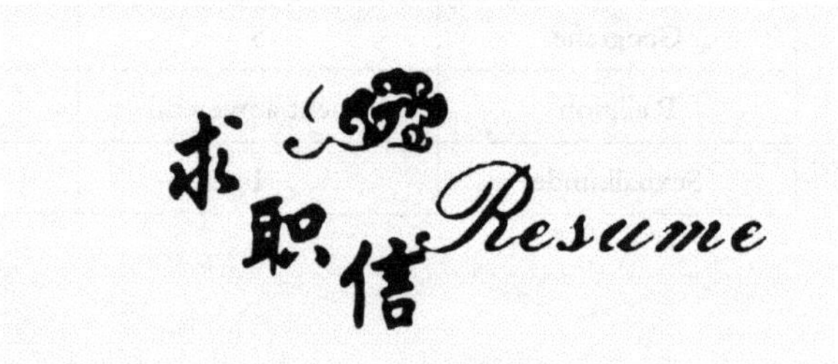

图12.1　求职信

应聘信函例子：

Jens Maier
Goethestraße 12
48147 Münster

Spedition Wagner GmbH & Co. KG   Münster, den 15. Jan. 2021
Hamburger Straße 9

22453 Hamburg

Süddeutsche Zeitung vom 10. 11. 2021
Unsere Telefonat vom 12. 11. 2021

Sehr geehrter Herr Moosgruber,

wie telefonisch besprochen, verfüge ich über mehrjährige Berufspraxis im Rechnungswesen und Controlling. Momentan arbeite ich für die Schmidt-Vertriebs GmbH & Co. KG. Schwerpunkt meiner Tätigkeit dort ist die Kosten- und Budgetplanung.

Ich bin verantwortlich für das Berichtswesen, die Erstellung der Jahresabschlüsse und betreue das PC-Netzwerk. Für die Betreuung des PC-Netzwerkes habe ich mich weitergebildet und an der IHK Münster den Abschluss Fachwirt Datenverarbeitung erworben. Der Umgang mit SAP R3 ist ein Bestandteil meiner täglichen Arbeit.

Die Grundlage für die von mir ausgeübten Tätigkeiten war meine Ausbildung zum Bankkaufmann an der Sparkasse Bochum, für die ich nach Abschluss der Ausbildung im Bereich Kreditwesen tätig war.

Ich spreche gut Englisch, verfüge über gute Präsentationserfahrungen und bin neben meinen Softwarekenntnissen(SAP R3, MS-Office, Datenbank XY) auch mit Problemlösung im Hardwarebereich vertraut.

Auf ein persönliches Gespräch mit Ihnen freue ich mich.

Mit freundlichen Grüßen
Hans Maier(Unterschrift)

Anlagen

应聘信函的文本特征

这类应聘信函的结构,首先会有"事由"栏,接着会谈到个人具备的知识,眼下在什么公司工作、工作重点是什么、负责什么以及自己的进修情况。然后谈自己的语言能力、软件知识能力。最后,提出期待参加面谈。在签字处下面列出"附件"。

从语法上看,现在时居多;在讲到过去发生的事时,使用过去式;正反语序交替使用。句子结构相对简单,使用名词体较多。选词尽量使用书面语,例如 die von mir ausgeübten Tätigkeiten,且与场景密切相关。格式是左对齐。

应聘信函的翻译策略

对于这种信函的翻译,只需要直译。

参考译文

事由:
(贵处) 2021 年 11 月 10 日(在)《南德意志报》(上刊登的招聘广告)
我们 2021 年 11 月 12 日的电话谈话

尊敬的莫斯格鲁博先生:

正如我在同您电话谈话里所讲的那样,我拥有会计与企业决策控制方面的数年的职业实践经验。眼下,我任职于施密特销售有限责任公司兼两合公司。工作的重心是成本与预算计划。

我负责报表、编制年度决算并负责电脑网络。我进修了电脑网络并在明斯特的国际商会获得了数据处理专业人士结业证书。使用 SAP R3 软件是我的日常工作的一部分。

上述工作的基础是我在波鸿储蓄银行接受的作为银行职员的专业教育。我在结束上述培训后就在信贷部门工作。

我会说一口良好的英语,拥有良好的展示经验,除了我的软件知识外(SAP R3,微软办公软件,数据库 XY),我还熟悉解决硬件领域的问题。

我期待有机会参加面试。

顺致友好问候

Hans Maier（签字）

2021年1月15日于明斯特

附件：

与此相关的中德跨文化交际问题

假如我们比较一下本节的德语应聘信函与本章思考题中的第一题，我们就会发现，汉语和德语的应聘信函其实也差不多。不同的是，汉语里的应聘信函没有"事由"栏，没有附件，签名也忽略了，这是最大的不同。应聘信函只强调自己的强项并表示能够胜任工作，是被录取的关键要素之一。最后，有些关于汉语应聘信函写作的指导里强调要别出心裁（富有个性，不落俗套）。但这并不是问题的所在，实事求是是更为关键的。

应聘回复信函

背景知识

我们应聘一个职位，给对方邮寄应聘资料（求职信、简历、个人证件复印件等等）之后，招聘方经过初步筛选后就会给求职者回信的，不管是拒绝还是有意向招聘某人。

回复应聘者的信函之一：

Bonn, den 2. März 2021

Ihre Bewerbung als Führungskraft

Sehr geehrte Frau Lisa Maier,

vielen Dank für Ihr Interesse an einer Führungsposition in unserem Unternehmen.
Eine Bewerbung wie die Ihre erhalten wir nicht jeden Tag. Ihre hervorragende Ausbildung, Ihre guten Zeugnisse sowie Ihre langjährige Berufs- und Führungserfahrung

überzeugen uns sehr. Sie bringen die wesentlichen Voraussetzungen für eine leitende Aufgabe mit.

Schade, dass wir Ihnen momentan keine Position anbieten können, die zu Ihnen passt. Wenn Sie einverstanden sind, behalten wir Ihre Unterlagen bei uns. Sobald sich eine Möglichkeit ergibt, setzen wir uns gern mit Ihnen in Verbindung.

Freundliche Grüße

Max Schmidt(Unterschrift)

回复应聘者的信函之二：

Ihre Bewerbung vom 09.Nov. 2021
Sehr geehrter Herr Maier,

vielen Dank für Ihre aussagekräftige Bewerbung.

So sehr uns Ihre Qualifikationen und Ihre Berufserfahrung überzeugen wir haben keine Position frei, die wir Ihnen anbieten können.

Bewerber mit Ihren Fähigkeiten sind sehr gesucht. Wir sind deshalb überzeugt, dass Sie schon sehr bald bei einem anderen Unternehmen Erfolg haben.

Wir wünschen Ihnen alles Gute.

Freundliche Grüße

Max Lehmann(Unterschrift)

应聘回复信函的的文本特征

从结构上看，这种针对应聘者求职申请的回绝信函一般是先感谢对方的应聘，肯定对方的水平，然后提出公司没有合适的位置，无法录用。最后祝应聘者在继续应聘的道路上取得好成绩并祝愿对方万事如意。假如是招聘方认为对方通过了初审，就会通知对方在何时何地前来面谈、面试。

从语法上看，主要使用现在时，句子结构复杂程度一般。词汇上与求职应聘难度相关，广泛使用书面语，委婉表达谢绝。格式左对齐。

应聘回复信函的翻译策略

针对这样的回复信函，我们只需直译。

参考译文

回复信函之一的译文：

您作为管理者的申请

尊敬的丽萨·迈耶尔女士：

非常感谢您有兴趣应聘敝公司的领导职位。

我们不是每天都能收到像您这样的求职信，您接受的优秀的教育、良好的证明材料以及多年的专业和管理经验给我们留下了深刻的印象。您具备担任领导职位的基本资格。

但是，很遗憾，我们目前不能提供一个适合您的职位。如果您同意，我们会将您的应聘资料保存在我们这里。一旦有机会，我们将很乐意与您联系。

致以亲切的问候

Max Schmidt (签字)

2021年3月2日于波恩

与此相关的中德跨文化交际问题

德语里的回绝应聘者的信往往措辞比较委婉，要么是没有合适的职位，要么就针对别人的高薪要求给别人一个台阶下，说薪水无法满足对方的要求。现在国内也差不多这么做，尤其是大型正规公司的人事部门会这么委婉回复未被录取者。

应聘和解聘是劳动力市场上常见的行为。应聘者应该能够保持冷静的头脑，不夸大自己的能力，但是也不应该"谦虚"，要实事求是。对于解聘，相关人员应该知道自己的不足，必要时依法维权。

✓ 思考题

1. 翻译下列应聘信函。

尊敬的王亮先生：

您好！今日阅读报纸，获悉贵公司征求内容编辑人员。本人自信符合应聘要求，故写此信应征编辑职位。

我毕业于中国人民大学文学系，具有编辑经验，并熟悉校对、改编、出版以及此类相关工作。有关简历如下：

曾在销售量达三万份的《周报》担任编辑部主任，历时两年。并曾直接参与报纸排版工作。

1998年曾在《健康指南》担任编辑工作。主要工作：负责校对、改写以及长篇撰写项目。5年的工作磨砺，使我熟悉媒体的工作。通过与名人进行访问，我具备了很强的沟通能力。

我熟知一切办公室的例行工作，目前受雇于一广告杂志社，但此项工作为临时性的工作，故希望谋求一份较稳定的工作。

随信附有我的个人简历。如有机会与您面谈，我将十分感谢。

此致

陈涛

2021年2月18日

2. 翻译下列德语拒绝应聘回复。

Ihre Bewerbung als Buchhalter vom 20.10.2022

Sehr geehrter Herr Schmidt,

vielen Dank für Ihre detaillierten Bewerbungsunterlagen.

Ihre Projektarbeit im Bereich der Klima- und Kältetechnik hat uns sehr beeindruckt. Jedoch haben wir für das Jahr 2022 keine Praktikantenplätze vorgesehen. Bitte haben Sie deshalb Verständnis, dass wir Ihnen nicht zusagen können.

Wir sind sicher, dass Sie schon sehr bald die gewünschte Praktikantenstelle finden.

Viel Erfolg!

Freundliche Grüße

3. 翻译下列德语拒绝应聘回复。

Ihre Bewerbung vom 20.05.2022

Sehr geehrte Frau Maier,

vielen Dank für Ihre ansprechende Bewerbung.

Sie haben hervorragende Referenzen. Besonders beeindruckt haben uns ihr mehrjähriger Auslandsaufenthalt sowie Ihre sehr guten Fremdsprachenkenntnisse.
Auschlaggebend für unsere Entscheidung war jedoch Ihr Gehaltswunsch. Bitte haben Sie Verständnis, dass wir Ihnen deshalb nicht zusagen können.

Wir wünschen lhnen, dass Sie schon sehr bald die Position finden, in der Sie ihre ausgezeichneten Qualifikationen einsetzen können.

Viel Erfolg!

Freundliche Grüße nach Hamburg

第13章
常见外贸应用文的本特征及其翻译策略之一：询价与报价

询价

背景知识

经济全球一体化是世界未来经济发展的趋势。对外贸易（der Außenhandel）能够带动相关经济部门的发展，更能带动社会的发展。各个国家都特别重视对外贸易，尤其是那些以出口为导向的经济体，比如中国和德国。

互通有无的前提是在知道某一公司生产某一产品的基础上，了解某一产品的性价比。询价

图13.1 外贸询价

（Anfrage）是开展外贸的最关键的一步，也叫"询盘"，因为"货比三家不吃亏"。

在对外贸易实践里，我们在一份普通的询价信函里会请求对方，尤其是跟德语国家的厂商询价时要求对方提供产品目录（Kataloge）、价格表（Preisliste）、样品（Muster）、业务代表来访（Vertreterbesuch）以及一般的供货支付条件（allgemeine Liefer- und

Zahlungsbedingungen）。

总之，在对外贸易里，贸易过程就是：获取信息（Firmennachweis）—询价（Anfrage）—报价（Angebot）—下单（Auftrag/Bestellung）—供货（Lieferung）—支付（Zahlung）—索赔（Reklamation）。最常见的就是询价—报价—下单—供货，因为索赔的情况整体来说比较少见。

最后，在进行进出口业务时，人们一般都很清楚自己要什么。此时，我们就只需言明所要产品的类型、质量以及数量。请看下面的两则询价。

例一：

Anfrage Etiketten　　　　　　　　　　　　　　　　　　　　　2021-03-26

Sehr geehrte Damen und Herren,

Ihre Adresse teilte uns die Industrie und Handelskammer für München und Oberbayern mit.

Wir sind eine mittelständische österreichische Brauerei und suchen für unser geplantes neues Weißbier „Linzer Weiße hefetrüb" einen Etikettenlieferanten. Unser geschätzter Jahresbedarf liegt bei ca. 100.000 Stück.

Bitte senden Sie uns so bald wie möglich ein unverbindliches Angebot mit Mustern Ihrer Etiketten zu. Außerdem benötigen wir ausführliche Angaben über Lieferzeiten, Preise, Liefer - und Zahlungsbedingungen.

Wenn Sie Fragen haben, rufen Sie uns an. Wir sind Ihnen gerne behiflich.
Mit freundlichen Grüßen

Bärenbräu AG
i.V. Albert Haushofer

例二：

表13.1 电子邮件询价

an	karlHeinhauser@web.de
Cc	
Betreff	Anfrage, Ref.–Nr. 641

Sehr geehrte Damen und Herren,

bitte schicken Sie uns ein unverbindliches Preisangebot für

1 Stück Gleitringdichtung M377N/15X3R

2 Stück dito M677 G56/20, Buka 16V

und teilen Sie uns die kürzeste Lieferzeit mit.

Vielen Dank im Voraus.

Mit freundlichen Grüßen

i.A. Dieter Schirm

Gebr. Steimel GmbH & Co.

Maschinenfabrik Hamburg

Brillenstraße 40, 22453 Hamburg

Postfach 1565. 22453 Hamburg

Telefon 0 40 88 88 82

Telefax 0 40 88 88 83

询价的文本特征

上面的两则关于"询价"的例文，一则是信函，另一则是电子邮件。从结构上看，以例一为例，先言明自己是从何处得到了对方地址的，接着简单介绍自己的公司以及自己的打算。最后，是请求对方干什么。并不忘指出，假如对方遇到问题，己方愿意效劳。

从语法上看，主要使用现在时，句子结构很简单。词汇上与询价高度相关，无虚拟式，无委婉表达。格式左对齐。

例二则行文更简单，更直接。格式上突出所要产品（所要产品另起一行，居中）。

询价的翻译策略

针对这样的"询价"文本，我们不妨直译，因为这里没有使用任何隐喻，没有任何虚拟式句子。下面就是针对例一的翻译。

参考译文

事由：关于（商品）标签的询价

尊敬的女士们、先生们，

是慕尼黑和上巴伐利亚工商会把贵公司的联系地址告诉我们的。

我们是一家中等规模的奥地利啤酒厂，正在为我们计划中的新的白啤酒"Linzer Weiße hefetrüb"寻找标签供应商。我们估计的年需求量约为100,000件。

请尽快向我们寄出一份不具约束力的报价，并附上贵厂的标签样品。此外，我们还急需有关交货时间、价格、交货和付款条件的详细信息。

如果您有任何问题，请致电我们。我们很乐意为您效劳。

致以诚挚的问候

大熊啤酒酿造股份公司

授公司全权委托：Albert Haushofer

2021年03月26日

与此相关的中德跨文化交际问题

德语里的这种询价，在签名的时候，可能会出现缩略语，比如i.V.。此外，德语里询价非常直接，汉语也是如此。

报价

背景知识

设想一下，我们要开展贸易，有一天，我们收到了一家海外公司发来的一封一般的询盘（询价）。那我们该怎么办呢？

首先，我们要感谢别人的来信，接着在附件里列上对方所需的价格表、产品索引以及供货与支付条件，寄一个报价（发盘）。

比较难办的就是，假如某公司寄来了一封特殊的询盘、询价，那就要尽可能详细地回复对方。

在德国，根据德国法律，报价是有约束力的。也就是说，必须按报价交货。当然，人们也是可以限制约束力的，比如，可以言明本报价的约束力三个月或者发一个无约束力的报价。

如果发送完整的报价，就必须考虑以下几点：产品的式样、数量、大小、颜色、质量、价格、交货时间、交货与支付条件以及一般的做生意的条件。

例一：

Ihre Anfrage vom 13.04.2022　　　　　　　　　　　　　　　　17.04.2022

Sehr geehrter Herr Rowe,

mit Bezug auf Ihr Gespräch am 14.04. mit unserem Mitarbeiter, Herrn Lehmann, bieten wir Ihnen an:

 60 Thompson Kolben SPC 1300

 zum Preis von EUR 500 pro Stück ab Werk

 60 Thomopson Leichtmetallzylinder XRQ 8 9334

 zum Preis von EUR 750 pro Stück ab Werk

Die genannten Stückpreise sind Nettowerte zuzüglich Verpackung (3%) und 0,2 % Versicherungssteuer, gültig bis zum 31.07.2022.

Der Kaufpreis ist innerhalb von 30 Tagen nach Rechnungsdatum ohne Abzug fällig.

Auf alle Teile geben wir sechs Monate Garantie. Die Lieferzeit beträgt vier Wochen.

Es gelten die allgemeinen Lieferbedingungen für Leistungen und Erzeugnisse der

Metallindustrie.

Wir bedanken uns für Ihr Interesse.

Mit freundlichen Grüßen

Thompson Motorkomponenten GmbH & Co.KG

J.Rörlich

Manager Gussteile

例二：

表13.2 德语报价

DOPS Messtechnik GmbH
Telefax
An: Heinrich Lasch GmbH
Herrn Klein
Fax: 0711 130013-31
Von: Dieter Weise/Vertrieb
Datum: 18.01.2022
Anzahl der Seiten: 1
Angebot
Sehr geehrter Herr Klein,
Wunschgemäß bieten wir Ihnen an
-Spannungsmessgerät ALPHA 141028   EUR 147,00
-Akkumulator AS 170628   EUR 773,00
-Messgerät OPTICA 220155   EUR 695,00
Alle Preise sind Nettopreise und verstehen sich ab Werk zuzüglich Mehrwertsteuer und Verpackung.

> Lieferzeit: ca. 3 Wochen nach Auftragseingang
>
> Zahlung: netto innerhalb von 30 Tagen
>
> Unser Angebot ist gültig bis: 31.07.2022
>
> Über einen Auftrag von Ihnen würden wir uns sehr freuen.
>
> Sollten Sie noch Fragen haben, zögern Sie bitte nicht, mich unter 089 31111 23 anzurufen oder mir eine E-Mail zu schicken.
>
> Mit feundlichen Grüßen
>
> DOPS Messtechnik GmbH
>
> *Dieter Weise*
>
> dieter.weise@dops messtechnik. com

报价的文本特征

这种报价，结构上开宗明义，一开始就指出根据客户何时何地同谁的谈话做出报价，接着列出产品名称、型号以及（出厂）价格，接着指出价格是有期限的，并列出支付条件与产品担保期限、交货时间，以及适用什么的生意条件。最后，再次感谢对方对自己公司产品感兴趣。

从语法上看，都是使用现在时，词汇与产品报价密切相关，句子结构简单，主动态为主；语气上看，在信函为主的报价里为直陈式，在传真里大多为直陈式，但也有少量的虚拟式。词汇上与报价密切相关。

从格式上看，比较注重突出所供的产品，段落间空格比较大；格式上基本上左靠齐。

报价的翻译策略

对这种报价适合使用直译法。

参考译文

例一：

事由：您 2022 年 04 月 14 日的询价

尊敬的罗威先生，

根据您 4 月 14 日与我们的同事莱曼先生的谈话，我们向您提供以下产品：

—60 汤普森活塞 SPC 1300

—价格为每件出厂价 500 欧元

—60 汤普森轻合金钢瓶 XRQ 89334

—价格为每件出厂价 750 欧元

上述所列单件价格是净价，含包装费（3%）和 0.2% 的保险税，有效期至 2022 年 7 月 31 日。

购货价格应在发票开具之日起 30 天内支付，无折扣。

我们为整个产品提供六个月的保修期。交货时间为四周。

本报价适用于金属工业行业之服务和产品的一般交货条件。

谢谢您对我们的产品感兴趣。

致以诚挚的问候

汤普森发动机配件有限公司暨两合公司

J.Rörlich

铸件部门经理

与此相关的中德跨文化交际问题

中外或者中德外贸报价是类似的；中国外贸报价更多的是遵循国际贸易规则，按英语的形式，使用缩略语比如 FOB, CFR, CIF 等，价格上使用美元。在德语报价里，使用欧元结算，同时，在语气上，可能会使用极少的虚拟式。

常言道："货比三家不吃亏。"简单地说，就是我们在购买货物时，宜多跑几家做个比较，就能评判出货物的优劣与价格的高低，自己不会上当吃亏。这其实也是采购员的责任，也是对他或者她职业道德的考验。有些人不讲职业道德，办事不认真，乱花公家的钱。有些单位在招标中不透明，导致出现了公家或者公司亏损的局面。

✓ 思考题

1. 阅读下列学员针对第127页例一的译文，指出问题。

询价标签

尊敬的女士或先生，

我们收到了慕尼黑和上巴伐利亚工商会发来的地址。

我们是一家中等规模的奥地利啤酒厂，正在为我们计划的新小麦啤酒"Linzer Weiße hefetrüb"寻找标签供应商。我们估计的年需求量约为100,000件。

请尽快向我们寄出一份不具约束力的报价，并附上您的标签样品。我们还需要有关交货时间、价格、交货和付款条件的详细信息。

如果您有任何问题，请致电我们。我们很高兴能为您提供帮助。

致以诚挚的问候

Bärenbräu AG

2. 翻译下列询价。

Sehr geehrte Damen und Herren,

durch unseren Geschäftspartner Firma TMTC haben wir erfahren, dass Sie der Spezialist für die/eine erfolgreiche Durchführung von Incentiv-Events sind. Unser Partner hat letztes Jahr das Event „Rafting mit Beckenbauer" bei Ihnen gebucht und war begeistert. Wir wollen mit unseren Mitarbeitern dieses Jahr einen etwas anderen Betriebsausflug machen. Es soll eine Kombination sein: Die sportliche Herausforderung sollte im Vordergrund stehen, die Entspannung darf aber auch nicht vernachlässigt werden. Kurz: Ein Erlebnis, an das sich alle lange gerne erinnern und das unser Team langfristig verbindet.

Bitte machen Sie uns einige Vorschläge. Das beste Datum wäre der 13.06.2022, die

Teilnehmerzahl beträgt 13 Personen.

　　Vielen Dank.

　3.阅读下列学员针对第130页例一的译文，指出问题。

您于2022年04月13日的报价。

尊敬的罗先生，

关于你在4月14日与我们的雇员莱曼先生的谈话，我们向你提供以下信息

60 汤普森活塞 SPC 1300

价格为欧元……每件出厂价

60 汤普森轻合金钢瓶 XRQ 89334

价格为欧元……每件出厂价

以上单价为净价加包装费（3%）和0.2%的保险税，有效期至12月31日。

购货价格应在发票开具之日起30天内支付，不得扣除。

所有零件我们都有六个月的保修期。交货时间是四周。

适用金属行业服务和产品的一般交付条款和条件。

谢谢你的兴趣。

致以诚挚的问候

汤普森汽车制造有限公司

铸件经理

　4.翻译第131页报价例二。

第14章
常见外贸应用文的文本特征及其翻译策略之二：下订单，订单之确认、拒绝与撤销

订单

背景知识

在对外贸易中，假如我们对收到的报价中意的话，那么，我们就会下订单（bestellen）或者说发出定（订）货（einen Auftrag erteilen）。这两种表达意思一样。假如我们通过电话下订单后，应该立刻书面进行确认，以避免误解。

法律上，人们区分两类不同的订单。首先，我们下订单是针对一种无约束力的报价。此时此刻，我们就有履行的义务。这样的订单能否落实取决于供应商是否接受订单。其次，我们下的订单是针对一个固定的、也就是有约束力的订单并因此达成了一项购买合同。这样，供应商必须供货，而我们必须接受货物并付款，除非我们出于某种原因修改了订单或者完全取消订单。必须指

图14.1　订单

出，这种取消订单必须是供应商收到订单前或者最晚刚刚收到订单时就做出了的。故最

佳的办法是使用传真取消订单！

假如是电话取消订单，那么就得补寄书面取消订单信函或者让对方确认取消订单。

例一：

Korbinian Becker

Calle Calderón de la Barca

141003 Sevilla

Tel.:(5) 421 00 6-31

Fax:(5) 421 00 6-17

Asia-Sport

Vertrieb für Sportartikel

Augsburger Str. 16-18

86316 FRIEDBERG

DEUTSCHLAND

Auftrag 18.11.2021

Sehr geehrte Damen und Herren,

vielen Dank für Ihr Angebot vom 10.11.2021 sowie die zugeschickten Muster.

Wir bestellen:

300 Handbälle, Nr.679, Preis EUR 65,90 pro Stück

200 Basketbälle, Nr.886, Preis EUR 95,90 pro Stück

150 Fitness-Handschuhe, Nr.1076, Preis EUR 64,90 pro Stück

Liefern Sie bitte binnen 6 Wochen frei Haus. Bei Bezahlung innerhalb von zwei Wochen ziehen wir 2 % Skonto ab. Bitte senden Sie uns eine Auftragsbestätigung zu.

Mit freundlichen Grüßen

Mercedes Panadero

例二：

FAX

Aventura/Articolos/Deportivos

Tel.:(5) 421 00 6-31

Fax:(5) 421 00 6-17

Calle Calderón de la Barca,141003 Sevilla

Asia-Sport

Vertrieb für Sportartikel   Fecha:20.11.2021

                                                             Total de páginas:1

Fax 0749-821-6016299

Unsere Bestellung vom 18.11.2021

Sehr geehrte Damen und Herren,

leider müssen wir unsere Bestellung vom 18.11.2021 teilweise widerrufen,da wir noch genügend Fitness-Handschuhe auf Lager haben.

Für die beiden anderen Posten (300 Handbälle und 200 Basketbälle) erhalten wir unsere Bestellung selbstverständlich aufrecht.

Mit freundlichen Grüßen

Mercedes Panadero

订单的文本特征

订单的结构，就是先谢谢对方的报价，接着下单，列出具体的产品名称、型号与所需数量。此外，还提出交货时间以及交货方式以及附上（供应商提出的）两周之内付款、2%的付现折扣。最后，请求对方寄订单确认书（函）。

从语法上看，全部使用现在时，句子结构简单；语态上都是主动态；语气上，无论是信函，还是传真，都使用直陈式，无虚拟式。词汇上与订单密切相关。

从格式上看，比较注重突出所供的产品，段落间空格比较大；左对齐。

订单的翻译策略

对这种下订单文本的翻译，适合使用直译法。

参考译文

例一：

订单：

尊敬的女士们、先生们：

谢谢贵公司 2021 年 11 月 10 日的报价以及寄来的样品。

我们订购：

-300 个手球，商品号：679，每个价格是 65.90 欧元

-200 个篮球，商品号：886，每个价格是 95.90 欧元

-150 只健身手套，商品号：1076，每只价格是 64.90 欧元

请在 6 周内送货到家。如果我们在两周内付款，我们将获得 2% 的折扣。

请给我们寄一份订单确认书。

致以诚挚的问候。

梅赛德斯·帕纳德罗

于 2021 年 11 月 18 日

订单确认函、拒绝订货函

背景知识

在对外贸易中，面对商家或者生意伙伴的订单，我们可以接受（Annahme），但是，也可以拒绝（Ablehnung）。

根据对外贸易的一般常识，在接到对方订单后，被委托方应该给客户寄送一份订单确认书（函）（Auftragsbestätigung），尤其是当之前的报价不具约束力，或者自己根本就没有寄出过报价或者客户修改了之前的报价时。

假如有人前来订购，而我们又不想接单，因为客户订购了我们没有进行报价的东西或者针对我们的报价附上了一个带有修改了的条件的还盘（Gegenangebot，英语 Counter Offer），此时，我们就要邮寄一份书面拒绝信。

图14.2　客户订单确认表

这里针对"还盘"多说几句。还盘也叫还价，是贸易往来中（主要是对价格）的磋商（Negotiation）过程。当买卖双方中的一方不能接受对方所提供的某项贸易条件时，可以通过还盘说明原因，表示遗憾，或建议对方给予一定的让步。受盘人不同意发盘中的交易条件而提出修改或变更的意见，此称为还盘。

通俗地说，在国际贸易术语中，询盘是询价，发盘是出价或报价，还盘的意思是还价，法律上叫反要约。

例一：

Auftragseingang Annahme-Ablehnung

Hueber Verlag GmbH & Co KG

Vertrieb

Max-Hueber-Straße 4

85737 Ismaning

Telefon: +49 - 089 96 02-0

Telefax: +49-089 96 02-3 58

Internet: http://www.hueber.do

E-Mail: mayer@hueber.de

Hueber Vertag- Postfach 11 42-85729 ISmaning

BBE Verlag

Frau Bauer

Postfach 693309

40278 Disseldorf

13.03.2022

Auftragsbestätigung

Sehr geehrte Frau Bauer,

wir bestätigen Ihren Anzeigenauftrag

vom：08.03.2022

Zeitschrift：Zielsprache Deutsch

Ausgabe：3/2022

Anzeigengröße：75mm × 225 mm

Platzierung：rechte Seite, rechte Spalte

Preis：EUR 360, 90

Ihre Druckunterlagen senden Sie uns bitte bis zum 31. Januar 2022.

Wir danken Ihnen für diesen Auftrag und wünschen Ihrer Anzeige guten Erfolg.

Mit freundlichen Grüßen

HUEBER VERLAG

Erika Mayer

Vertrieb

例二：

Auftragseingang –Ablehnung

Überbein & Co.

Orthopädische

Schuhherstellung

Gerhart-Hauptmann-Ring 45

60141 Frankfurt

Telefon 069 36473-68

Fax 069 36473-78

E-Mail:info@ueberbeinortho.de

Hessische Kreditbank

BLZ 300 600 02

Konto 56 673 302

Schuhhaus Trott

Frau Marianne Jost

Heidschnuckenweg 90

21297 Hamburg

17.03.2022

Ihre Bestellung vom 10.03.2022

Sehr geehrte Frau Jost,

wir danken Ihnen für Ihre Bestellung vom 10.03.2022 über

50 Paar orthopädische Damenschuhe, Modell, Isabella,

zum Preis von EUR 259,90 je Paar.

Leider können wir lhnen diese Schuhe nicht liefern. Es handelt sich um ein Auslaufmodell, von dem wir noch einen Restposten auf Lager hatten. Deshalb war unser Angebot unverbindlich.

Wir haben jedoch ein attraktives Alternativangebot für Sie: unser brandneues, aber ganz ähnliches Modell „Arabella " zum Preis von EUR 245, 90 je Paar. Dieses Nachfolgemodell steht in ausreichender Stückzahl zur Verfügung.

Über eine Bestellung von Ihnen würden wir uns freuen.

Mit freundlichen Grüßen

Christoph Überbein

订单确认函、拒绝订货函的文本特征

在例一里我们看到，就订单确认函的结构来说，先确认收到了某人的订单，并指出订单的具体内容，含日期、名称、尺寸、位置与价格。接着要求对方把相关的资料最晚到什么时候要邮寄过来。最后，是感谢下订单并祝一切顺利。

例二是拒绝订单函。结构上，也是先感谢对方的订单，接着拒绝了该订单并说明了理由，也给出了替代产品及其相关价格。最后，表示假如对方订购，将会感到高兴。

从语法上看，这类信函基本上都是使用现在时，很少使用过去式；句子的结果简单易懂；语气上都是直陈式，极少使用虚拟式；语态上都是主动态。词汇上都是与订单这一主题高度相关。

格式，还是左靠齐，但是，为了突出产品，该产品缩进几个字母。注意留空行。

订单确认函、拒绝订货函的翻译策略

这种订单确认函、拒绝订货函的翻译，我们完全可以采取直译法，因为这里没有任何引起歧义的地方。

参考译文

下面是例一的参考译文：

订单确认

尊敬的鲍尔女士,

我们确认您的广告订单。

日期:2022 年 03 月 08 日

杂志:Zielsprache Deutsch

发布时间:3/2022

广告尺寸:75x225 mm

放置:右页、右列

价格:360.90 欧元

请在 2022 年 1 月 31 日之前将您的待刊登的打印文件寄给我们。

我们感谢您的这一订单,并祝愿您的广告取得圆满成功。

致以诚挚的问候

埃里卡·梅耶尔先生

休伯出版社销售部

2022 年 3 月 13 日

拒绝订货函。上面的例二就是典型的拒绝订货函。由于它是本章的书面练习之一,这里就不再翻译了。

与之相关的中德跨文化交际问题

在这一点上,中德基本相同。要说不同,可能是我们中国企业更讲信用。之前,在民主德国时期,我国一企业跟民主德国一公司订立购买某型号机床的合同。该国企业为了挣大钱,竟然对中方毁约。就是几年前,挪威一企业来华订购海洋钻井平台,最后也毁约了。

订单撤销函

背景知识

在对外贸易中，买家撤销订单是许可的，前提是有合适的理由，且时间节点符合要求。比如说，不再需要某商品，或者某商品还有不少库存，此时便可撤销订单。

例一：

Weihai, 23.09.2022

Unsere Bestellung vom 19. Sept. 2022

Sehr geehrte Frau Klein,

wir haben bei Ihnen am 19. 09. 2022 drei Bagger bestellt. Mit unserem gestrigen Fax haben wir diesen Auftrag widerrufen.

Trotz Ablaufs der Widerrufsfrist wären wir Ihnen für eine Stornierung der Bestellung dankbar. Der Kunde, für dessen Bauprojekt wir die Bagger benötigen, ist zahlungsunfähig geworden.Durch die Abnahme der Geräte würden wir auch in ernsthafte Zahlungsschwierigkeiten kommen.Wenn Sie uns in dieser Sache entgegenkommen, können Sie bald mit neuen Aufträgen rechnen.

Mit freundlichen Grüßen

Mercedes Panadero

订单撤销函的文本特征

从结构上看，这种订单撤销函直接讲什么时候订购了什么，接着说昨天通过传真撤销了订单，并说明了理由。最后，表示假如卖方乐意帮忙，同意在撤销期限过后撤销本订单，可以预计到在不久的将来会有来自这家客户的新订单。

从语法上看，这类信函基本上都是使用现在完成时，因为撤销的事实已经发生了。句子的结果简单易懂；语气上基本上是直陈式，极少使用虚拟式；语态上都是主动态。词汇上都是与订单高度相关的。格式上，还是左靠齐。

订单撤销函的翻译策略

此类文本只需要采用直译法。

参考译文

  我们 2022 年 9 月 19 日的订单

  尊敬的克莱因女士，

  我们于 2022 年 9 月 19 日向您订购了三台挖掘机。昨天，我们通过传真撤销了这项订单。

  尽管撤销期限已过，但如果您能同意取消本订单，我们将不胜感激。我们的客户需要这些设备用于建筑项目，但是该客户已经资不抵债。如果我们接受这些设备，将会陷入严重的支付困难之中。如果您在这件事上帮助我们，您很快就会收到（我们的）新订单。

  致以友好的问候

                Mercedes Panadero

                2022 年 9 月 23 日于威海

与之相关的中德跨文化交际问题

这类订单的撤销是符合常理的，完全可以理解。

在国内外贸易中，下订单就意味着你已经严肃对待自己的行为，要依法履行相关协议。订了，就得买，就该按时付款。总之，要讲信用。除非对方的产品不合要求或者对方无法履行合同，你才可以撤销订单。讲信用、讲诚信是成功的前提条件之一。

☑ **思考题**

 1. 翻译第 138 页的例二。

 2. 翻译第 142 页的例二。

3. 把下列汉语订单翻译成德语。

尊敬的女士们、先生们：

非常感谢您的订单。很遗憾，我们无法以现有的价格来执行您的订单。

由于我们下游供应商提价了，我们也不得不稍微涨价。我们希望您能够理解并补寄我们的新的价格表。

假如您能针对新的价格表确认您的订单，我们将感到十分高兴。

顺致友好问候

第15章
常见外贸应用文的文本特征及其翻译策略之三：发货通知书、收货确认书、付款通知及催付信

发货通知书

背景知识

在对外贸易过程中，当产品生产完毕，客户早已下单，商家就要发货了。给买家寄送发货通知书（Versandanzeige），是发货的重要环节之一，尤其是当某一产品的订购量比较大或者只能发订单中的一部分产品或者交付体积、重量大的货物时。

图15.1 发货通知单

例一：

Hamburg，den 12. Mai 2022

Lieferung Versandanzeige

Sehr geehrter Herr Yoshikawa,

heute haben wir lhre Bestellung vom 17.04.2022 über

60 Thompson - Kolben SPC 1.300

zum Preis von EUR 500 pro Stück ab Werk

60 Thomopson Leichtmetallzylinder XRQ 9. 9334

zum Preis von EUR 750 pro Stück ab Werk

ausgeführt. Die Teile werden mit MS „Tarkowskij" **voraussichtlich** am 30.05.2022 in Yokohama eintreffen. Die Sendung besteht aus 20 Kolli. Sie sind gemäß Ihren Anweisungen wie folgt markiert:

MIT
1-20
Tokyo via
Yokohama

Die Kolli 1-10 enthalten die Kolben, Nr. 11-20 die Zylinder. Alle nötigen Angaben finden Sie in beiliegender Rechnung.

Die Versanddokumente haben wir unserer Bank zur Einlösung des Akkreditivs zugeschickt.

Über weitere Aufträge von lhnen würden wir uns freuen.

Mit freundlichen Grüßen

J.Rörlich
Manager Gussteile

例二：

DOPS Messtechnik GmbH

Rechnung   Nr.327097   12.05.2022

Kundenbestellung: Nr.974/63

Auftragsbestätigung: 84920

Lieferanschrift:

Art der Lieferung: Gesamtlieferung

表15.1 完整的德语供货单

Anzahl	Artikel	Einzelpreis	Gesamt
2	Spannungsmessgerät ALPHA 141028	EUR 147,00	EUR 254,00
1	Akkumulator AS 170628	EUR 773,00	EUR 773,00
1	Messgerät OPTICA 220155	EUR 695,00	EUR 695,00
Warenwert netto			EUR 1722,00
19% Mehrwertsteuer			EUR 327,18
Verpackung			EUR 75,00
Gesamt			EUR 2124,18

发货通知书的文本特征

发货通知书的结构，一开始就言明今天我方已经就贵方某年某月某日关于什么的订单发货了；接着告诉对方，货物预计什么时候到哪里；货物已按对方要求做了相关标记；货柜第几至第几号分别是什么货物，相关说明都附在发票内；我方已经把相关的发货文件寄给了我方银行以备兑现信用证。最后，表达期待对方进一步的订单。

从语法上看，绝大多数句子以现在时的形式出现，极少以现在完成时的形式；句子结构简单；语态都是主动态；语气上，基本上使用直陈式，只有最有一个句子是虚拟式。词汇上与发货通知书单密切相关。

从格式上看，比较注重突出已经发货的产品名，段落间空一行；左对齐。

订单的翻译策略

对这种发货通知单进行翻译，适合使用直译法。下面是上面例文一的翻译：

尊敬的吉川先生：

今天我们针对您2022年4月17日的订单执行了发货：

——60个汤普森活塞，型号为SPC 1.300，

——60个汤普森轻金属气缸，型号为 XRQ 9.9334

这些部件预计将于2022年5月30日随MSTarkowsky货轮抵达横滨。这批货物包括20个托运件。我们已根据您的指示，做了如下标记：

MIT

1-20

Tokyo via

Yokohama

托运件1—10包含活塞，11—20号是汽缸。所有必要的信息，您都可以在随信附上的发票中找到。

我们已经把发货通知单寄给了我方银行以兑换信用证。

我们期待收到您的进一步订单。

致以诚挚的问候

J.Rörlich

铸件车间经理

2022年5月12日于汉堡

与之相关的中德跨文化交际问题。在发货方面，中德或者中外企业之间没有什么不同，信守合同、注重契约是约定俗成的。

收货确认书及付款通知

背景知识

在对外贸易中，有时候发货公司希望接收方能够给自己寄送一份收货确认书（Empfangsbestätigung），因为它想知道，对自己而言，发货过程是否已经圆满结束了。假如您作为客户想证实收到了货物，那么，您也应该同时告诉对方，您想什么时候以及怎样付款。这种付款通知（Zahlungsanzeige），您既可以单独寄送，也可以在预付时连同订单一起寄给对方。

例一：

2022-11-03

Empfangsbestätigung mit Zahlungsanzeige

Sehr geehrte Damen und Herren,

der von uns bestellte Prototyp Ihrer neuen Hochtemperaturbatterie ist heute unbeschädigt bei uns eingetroffen. Vielen Dank für die schnelle Lieferung.

Der Rechnungsbetrag in Höhe von EUR 998, 00 wird noch heute auf Ihr Konto Nr. 307 068 853 bei der Norddeutschen Handelsbank überwiesen.

Mit freundlichen Grüßen

Gasturbinenfabrik Mannheim GmbH

Produktfeld Gasturbinentechnik

i. A. *Manfred Schmidt*

例二：

Sehr geehrte Damen und Herren,

wir bedanken uns für Ihre am 01.03.2022. angekündigte Lieferung, die gestern in gutem Zustand bei uns eingetroffen ist.

Der Rechnungsbetrag in Höhe von EUR 999, 00 wurde heute auf Ihr Konto 0668-55624532 bei der Credit Suisse Zollikofen überwiesen.

Mit freundlichen Grüßen

Fröhlich AG

i. V. *Hans Hügli*

```
Fröhlich AG
Elektrogrosshandlung
Industriestraße 10-12
CH-3052 Zollikofen
Tel. 0 31-3 51 14
Fax 0 31-3 51 12
```

收货确认书及付款通知的文本特征

从结构上看，这类文本一般带有事由栏；从内容上看，开门见山，直接言明所订购的产品毫发无损地到达了客户手中；接着感谢对方。最后，另起一行，指出将于今天付款到对方指定的银行账号。

从语法上看，有使用现在时的，有使用完成时的；语态是主动与被动兼有，语气都是直陈式；词汇上都与主题相关。

收货确认书及付款通知的翻译策略

直译即可。

例一：

事由：带有付款通知的收据确认书

尊敬的女士或先生，

我们订购的贵方的新型高温电池的样机已于今天完好无损地抵达我方公司。非常感谢您的快速交货。

发票金额为998欧元的货款，我们将会在今天汇入您在北德意志银行的307 068 853号账户里。

致以诚挚的问候

曼海姆燃气轮机厂有限公司

产品领域 燃气轮机技术

曼弗雷德·施密特代表公司发送此函

与之相关的中德跨文化交际问题

收到货物后及时付款，是诚信的表现。这个中德方面并无不同。

总之，在国际贸易里，依规操作很重要。比如本章学习的，给买方发货，卖方就必须开具或者寄送发货通知书；若收到了贸易伙伴寄来的商品，收到方就要寄送收货确认书，并及时付款，不以规矩不能成方圆，每一行业都有自己的法则。

催付信

背景知识

在国际贸易当中，偶尔也存在供应商无法及时发货的事。比如，前东德为了追逐更高的利润，在二十世纪六十年代就没有及时履行与中方签订出口机床的合同，把本该卖给中方的机床卖给了南非。这就是供货延迟（Lieferverzögerung）。最后，民主德国方面甚至取消了合同。当然，也存在出现地震（das Erdbeben）、飓风（der Hurrikan）等自然灾害的情况，也就是国际贸易中常提到的不可抗拒力（Höhere Gewalt）。

假如某客户不及时支付，那么，己方可以先写一封支付提醒函（Zahlungserinnerung）给对方。假如作为客户遇到这种情况不及时交货的供货商，人们就可以写一封催付（讨）信（die Mahnung）。这是客户的正当权利。

当然，这种催讨信既可以是针对卖家或者供应商的，假如买家不是按规定付（尾）款的话，也可以是针对买家的。如果对方一直忽视己方的第一次催款（催促交货）（erste Mahnung），可以在间隔一段时间后写第二次催款（催促交货）（zweite Mahnung），甚至第三次催款（催促交货）（dritte Mahnung）信。

在写第二次、由此产生的法庭催款程序费用（alle weiteren mit dem Mahnverfahren verbundenen Gebühren）、垫款（Auslagen）以及其滞纳金（die Verzugszinsen）均由对方承担；尤其是在发送第三次催款（催促交货）信时，告诉对方，己方将立即申请强制执行（unverzügliche Vollstreckung beantragen），因法庭催款所产生的费用（Kosten für den gerichtlichen Mahnbescheid）以及其他一切托收费用（alle weiteren Inkassokosten）均由对方承担（zu Ihren Lasten gehen）。为了不至于跟某个长期大客户闹僵，说话的语气可以委婉些。请看下面的例子。

例一：

Mahnung　　　　　　　　　　　　　　　　　　　　　　　　11.04.2022

Sehr geehrte Damen und Herren,

bei Durchsicht unserer Konten haben wir festgestellt, dass Sie die nachstehend aufgeführte Rechnung trotz Zahlungserinnerung vom 10.03.2022. noch nicht bezahlt haben:

> Rechnung Nr. SA93S01430 vom 02.02.2022.
> fällig am 02.02.2022.
> EUR 15.000,00

Wir bitten um Überprüfung und Überweisung des fälligen Betrags zuzüglich einer Mahngebühr von EUR 100,00 in den nachsten Tagen.
Sollten Sie die Zahlung bereits veranlasst haben, betrachten Sie dieses Schreiben bitte als gegenstandslos.

Sie haben noch Fragen? Dann zögern Sie nicht, mich unter 06541 43-265 anzurufen oder mir eine E-Mail zu schicken (zoum@earthwind.com).

Mit freundlichen Grüßen

Earthwind Deutschland

Silke Bauer

Ppa. Silke Bauer

例二：

Zweite Mahnung

12.05.2022

Sehr geehrte Damen und Herren,

für die nachstehend aufgeführte Rechnung konnten wir trotz Zahlungserinnerung vom 10.03.2022 und Mahnung vom 11.04.2022 bisher noch keinen Zahlungseingang feststellen:

> Rechnung Nr. SA93S01430 vom 02.02.2022.
> fällig am 02.02.2022.
> EUR 15.000,00

Für die Begleichung der überfälligen Rechnung zuzüglich der Mahngebühr von EUR 100,00 setzen wir lhnen eine Frist bis zum 30.06.2022. Ab sofort müssen wir lhnen leider Verzugszinsen in Höhe von 0,5% pro Monat berechnen.

Mit freundlichen Grüßen

Earthwind Deutschland

Silke Bauer

ppa. Silke Bauer

例三：

Dritte Mahnung

14.07.2022

Sehr geehrte Damen und Herren,

für die nachstehende aufgeführte Rechnung konnten wir trotz Zahlungserinnerung vom 10.03.2022 und zweier Mahnung vom 11.04.2022 und 12.05.2022 bisher noch keinen Zahlungseingang festellen

Rechnung Nr. SA93S01430 vom 02.02.2022.

fällig am 02.02.2022.

EUR 15.000,00

Für die Begleichung der überfälligen Rechung zuzüglich der Mahngebühr setzen wir Ihnen einen letzte Frist bis zum 31.07.2022. Sollte bis dahin der Betrag nicht bei uns eingegangen sein, sehen wir uns leider gezwungen, rechtliche Schritte gegen Sie einzuleiten.

Mit freundlichen Grüßen

Earthwind Deutschland

Silke Bauer

ppa. Silke Bauer

催付信的文本特征

从语法上看,绝大多数句子以现在时的形式出现,极少以现在完成时的形式出现;句子结构简单;语态上都是主动态;语气上,基本上使用直陈式,也有个别句子是第二虚拟式形式;词汇上与订单、催款密切相关。

从格式上看,比较注重突出已经发货的产品,段落间空一行;左对齐,事由栏采用粗体。

催付信的翻译策略

对这种催讨信进行翻译,适合使用直译法。下面是上面例一的翻译。

催款

尊敬的女士们、先生们:

在检查账户时,我们发现,尽管在 2022 年 3 月 10 日向贵公司发出了付款提醒，但您仍然没有支付下列账单：

账单日期：2022年2月20日，账单：SA93S01430

账单到期日期：2022年2月2日

金额：15,000.00欧元。

请您在接下来的几天内审核并转账到期的金额，加上100欧元的催款费。

如果您已经支付了款项，请忽略此封信件。

您还有问题吗？那么，请不要犹豫，请拨打下面的电话06541 43-265或给我发电子邮件（zoum@earthwin.com）。

致以诚挚的问候

Earthwind Deutschland
全权代表：Silke Bauer
2022年4月11日

与之相关的中德跨文化交际问题

收到货物后不及时付款，卖家就可以直到发出付款提醒；假如对方还不付款，这就是不信守合同的表现。这违反了世界贸易组织（WTO）的规定。中德双方都应该避免这样的情况出现。信守合同，是尊重契约的表现。

无论是在我们的日常生活里，还是在国际贸易中，坚定维权是非常重要的。请看一则消息：新华社北京2016年12月9日电（记者于佳欣）商务部新闻发言人沈丹阳9日表示，若世贸组织成员12月11日后坚持"替代国"做法，中方将采取必要措施坚决维权。

根据中国加入世贸组织议定书第15条规定，世贸组织成员对华反倾销"替代国"做法将于2016年12月11日终止，即从此之后，WTO成员在对华反倾销调查中，不能再采用第三国价格来计算倾销幅度。然而，美欧日等WTO成员对这一问题表态含糊其词，企图继续使用"替代国"做法。为此，我们得挺身而出，坚定维权！

思考题

1. 翻译下列发货名词。

Palette，Lattenkiste, Sack, Fass, Trommel, Lattenverschlag, Karton, Container, Holzkiste

2. 翻译第149页的例二。

3. 翻译第152页的例二。

4. 将下列短语翻译成德语。

a. 这张如下所列的账单，b. 付款提醒，c. 全权代表，d. 催款通知，e. 催款费

5. 将下列短语翻译成汉语。

a. Verzugszinsen，b. Vollstreckung，c. die Verzollung，d. etwas veranlassen，e. rechtliche Schritte ankkündigen.

6. 翻译第156页的Dritte Mahnung。

参考文献

曹佩升：《翻译学研究需要的理论思考和方法论指导——〈翻译学研究方法论〉述评》，《上海翻译》2016 年第 5 期。

黎东良，李香，吴明奇：《德汉一般应用文互译课程研究》，《中国大学教育》2015 年第 11 期。

黎东良：《德语公证合同的汉译》，《中国科技翻译》2006 年第 1 期。

黎东良：《对我国大学外语教师专业素质构成的思考》，《高等教育与学术研究》2008 年第 11 期。

黎东良：《中德跨文化交际理论与实践》，同济大学出版社 2012 年版。

黎东良：《常用德语英语对比语法》，同济大学出版社 2013 年版。

黎东良：《最新德语汉语对比语法》，天津大学出版社 2006 年版。

黎东良：谈德语专有名词词义普通化现象，德语学习 1994 第 6 期。

李光：《应用文写作实用教程》，普通高等教育"十一五"国家级规划教材高职高专公共基础课教材系列，科学出版社，2010 年版。

李红满：《国际翻译学研究热点与前沿的可视化分析》，《中国翻译》2014 年第 2 期。

马梦晨：《目的论视角下的商业广告翻译策略研究》，《校园英语》2020 年第 2 期总第 524 期。

叶本度，刘芳本：《实用德语应用文》，浙江大学出版社 1987 年版。

王正富等：《德汉经济贸易词典》，商务印书馆 1988 年版。

歌德：《歌德谈话录》，杨武能译．北京燕山出版社 2009 年版。

中国社会科学院语言研究所词典编辑室编：《现代汉语词典》第 7 版，商务印书馆 2016 年版。

Dudenredaktion，Deutsches Universalwörterbuch 9. Auflage，Berlin: Bibliogra-phisches Institut, 2019.

Jin Di, Eugene A. Nida， On Translation, Beijing: China Translation & Publishing Corporation，1994.

Josef Wergen, Annette Wörner, Wang Liping, Bürokommunikation DEUTSCH，Shanghai：Foreign Language Education Press, 2013.

Axel Hering, Magdalena Matussek. Geschäftskommunikation BESSER SCHREI- BEN, Ismaning: Hueber Verlag, 2007.

Gabriela Saldanha & Sharon O'Brien, R esearch Methodologies in Translation Studies, London & New York: R outledge，2014.

Jutta Sauer, Praxishandbuch Korrspondenz, 3. Auflage, Wiesbaden：Gabler, 2008.

Martina Lode-Gerke et al, Übungs-und Testbuch digitalen TestDaF, Stuttgart: Ernst Klett Sprachen GmbH, 2020.

Web links：

应用写作．https://baike.baidu.com/item/%E5%BA%94%E7%94%A8%E5%86%99- %E4%BD%9C/9844307?fr=aladdin. 2022-04-09.

陈新征．毛泽东"还钱"．2020 年 09 月 30 日 http://dangshi.people.com.cn/n1/2020/0930/c85037-31881126.html.2022-10-08.

参考答案

✓ 第1章答案

1. 风土人情，风俗习惯，联邦和各州，国际合作，联合国，外交部，外国留学生

2. Die Europäische Union, Internationaler Verkehr, wirtschaftliche Leistungsfähigkeit, Infrastruktur, Soziale Sicherung, die NATO

3. a. 建立沟通、摒弃隔阂，在2020年这个值得纪念的年份显得尤为重要。

   b. 一种集体的意识将会使我们永远保持鲜活的记忆，以便能够应对未来的挑战。

   c. 一个文明的社会需要一种批评的陪伴以及各文化间的对话。

4. a. Wir laden Sie ein, ihnen zu folgen und die Perspektive zu wechseln, um den eigenen Horizont zu erweitern.

   b. Wo einst religiöse, philosophisches oder anders tradierte Sinnsysteme Orientierung und Leitlinien anboten, steht heute die Welt von Film, Werbung und Livestyle ganz oben auf der Liste der Sinnanbieter.

   c. Ein wichtiges Merkmal der modernen Gesellschaft ist die Schnelligkeit der Informationen. Traditionelle Briefe verlieren immer mehr an ihrer Bedeutung.

第 2 章答案

1. a. 在德国，b. 在奥地利，c. 在瑞士

2. 有差别。至少有以下四点。一是信封地址写法不同，二是信内日期位置不同，三是德语的结尾礼辞很丰富，四是德国信封样式多，标准化。

3.   Bonn, den 01. April 2022

Problem mit dem Flugticket

Sehr geehrter Herr Prof. Maier,

es tut mir leid, dass ich nicht rechtzeitig bei Ihrer Vorlesung über Deutsche Literatur seit 1945 in der ersten Semesterwoche sein kann, weil ich Probleme mit dem Flugticket habe. Jetzt fliegen nur ganz wenige Maschinen von Shanghai nach Deutschland. Daher darf ich um Ihr Verständnis bitten. Ich werde inzwischen Bücher darüber lesen.

Mit freundlichen Grüßen

Ihr *Dali Wang*

第 3 章答案

1. 采用贺卡的形式，提前印好，最后签名。双语印制。语言简朴。译文如下：

    我们，海德堡大学校长 Prof. Dr. Dr. h.c. Bernhard Eitel 和海德堡大学国际校友部负责人 Silke Rodenberg，谨祝海德堡大学的所有校友和朋友们新年吉祥。

2.

尊敬的施密特先生：

    在佳节到来之际，我谨向您和您尊敬的夫人致以最美好的祝愿。愿新的一年也继续给您带去健康、带去与您的责任相适应的运气以及生意上的巨大成就。我爱人也加入祝愿的行列，并向您的夫人表示最友好的问候。

                                                  您忠诚的王强（签字）

3. 从结构上看，写信人先祝米勒先生新的一年有新成就，接着说写信者的爱人也祝米勒先生万事如意。语言上使用现在时；语序上，正反语序交替；词汇上与节日、祝贺相关；语态上，都是主动态；语气上都是现在时直陈式。译文如下：

亲爱的米勒先生：

我祝您新的一年生意上如去年一样好，甚至超过去年。愿新的一年同时给您和家人满满的幸福、健康和安好！我的妻子也表示最衷心的祝愿。

致以真诚问候

您的 Hans Krüger（签字）

4.

亲爱的爷爷、亲爱的奶奶：

我们祝你们有一个美好的耶稣受难日假期！你们好好享受春天，多到户外走走，让太阳照在脸上。我们也很乐意这么做，可是我们因为考试没有闲暇。

致以衷心的节日问候。

你们的岩斯

2022 年 4 月 12 日于波恩

第 4 章答案

1.
Alter auf eigenen Füßen im Alter von 30 Jahren; die Eheschließung; Ein Kind zu haben, das heißt, kann die Familie von Generation zu Generation weitergehen; frohes und glückliches neues Jahr; Alles Gute zum Geburtstag; blecherne Hochzeit; weibliche Verlobte

2.
亲爱的雷娜特，亲爱的米夏埃尔：

现在，小托马斯出生了。我是多么高兴啊！你们确实希望有一个继承人，不是吗？

喂，亲爱的雷娜特，你现在应该让我的小弟弟好好地溺爱你一番。亲爱的马克斯，你请了几天假吧？请尽快给我寄一些关于我小侄子的照片吧。

万事如意，让我尽快听到你们的消息。

你们的朱莉娅

2021 年 6 月 14 日于科隆

3.

Lass die Brise meine herzlichen Wünsche an Dich schicken und lass die Wolken Dir ihre aufrichtige Zuneigung anbieten; was für ein Abend ist das? Auch jetzt ist es in der Luft voller berauschender Süße. Ich wünsche Dir, mein liebster Freund, eine glückliche Hochzeit und ein immerwährendes Bad der Liebe.

4.

亲爱的托马斯：

在你订婚之际，我们祝你和你的新娘万事如意。很遗憾，我们不能来参加订婚派对了。爷爷的流感依然不见好转。

我们在思想上与你们同在。关于这一点，你们可以确定。我们祝你和你的新娘有一个美好的订婚日。

5. 我谨借此机会向这对亲爱的新婚夫妇以及新娘的父母表示衷心的祝贺

第 5 章答案

1.

Führerschein, Führerscheinprüfung, Beförderung, Jubiläum der Arbeit, Gute Besserung

Karriere, 团队精神, 驾校, 企业管理, 幸运儿, 育儿假

2.

亲爱的托马斯：

你已经感到很兴奋了吗？我曾经是一名非常自豪的一年级学生，但这种兴奋

很快就消退了。我祝你在学校玩得开心，不要有太多的家庭作业。你不会介意送一礼物给你，对吧？

祝你堆乐高积木时开心！

你的

2021 年 8 月 13 日于波恩

3.

尊敬的兰茨先生：

在您来公司任职 25 周年之际，谨向您致以诚挚的祝贺。在未来的岁月里，我祝您幸福满满，成功多多，但最重要还是祝您身体健康。

致以友好的问候

你的

4.

亲爱的姑姑：

我为能有你这样一位能干和出色的姑姑兼教母感到自豪和幸福。衷心祝贺你成为部门经理！

芭芭拉和我还在为我们的事业打拼，你现在已经功成名就了。但是，职业上的成功只是个人生活的一小部分，个人幸福同样重要。我们知道，你可以把两者结合起来。

吻你

你的 芭芭拉和托马斯

✓ 第 6 章答案

1.

亲爱的比吉特，亲爱的克里斯蒂安：

我们早已计划邀请你们参加晚宴，请在 2022 年 10 月 22 日（星期六）晚上 7 点 30 分来参加我们的活动。我们已经邀请了一些朋友，他们或许很乐意结识你们。

我们非常希望你们能够参加晚宴。

2.

尊敬的布林克曼女士，尊敬的布林克曼先生：

我们的女儿将于2022年11月25日（星期五）结婚。作为新娘的父母，我们很想亲自邀请您参加庆祝活动，因为您多年来一直陪伴着我们的玛吉特成长。

教堂婚礼将于上午11时在圣米歇尔教堂举行。之后，婚庆队伍将移步至伊甸园酒店。我们将于13时在那里共进午餐。下午会有咖啡和蛋糕，晚上还准备了冷自助餐。

如果我们能在这个节日里欢迎您，那就太好了。我们希望您能应允邀请。

莫妮卡·斯坦纳并阿尔弗雷德·斯坦纳

3.

亲爱的弗里德黑尔姆，

偏偏就在这个星期天，我的婆婆要来看望我；你明白这个时候我不好离开。真的非常感谢你的邀请。下一次，我想肯定能成行的。

祝你们玩得开心。

你的

4.

苏珊·拉德勒：衷心感谢您邀请我出席6月12日晚9点举行的鸡尾酒会，我很乐意接受邀请。

5.

Liebe He Qiong,   den 3. Juni 2020

vielen Dank für Deine Einladung. Ich kenne Dr. Li Guangjun schon sehr lange. Er ist auch der Lehrer meines Lehrers. Wir würden gerne teilnehmen, aber es ist sehr schade, dass ich am 8. Juni in meine Heimatstadt zurückfahren muss, weil mein

Bruder an diesem Tag heiraten wird. Dies wurde vor langer Zeit beschlossen. Es tut mir leid, dass ich der Einladung nicht nachkommenkann.

Liebe Grüße

Wang Bin

第 7 章答案

1.

感谢，在某人那里有在家的感觉，遵守邀请，接受邀请，履行邀请

2.

亲爱的玛丽昂，

我们非常感谢你在生日聚会上为我们提供的巨大帮助。

我们永远不会做出那么好的土豆沙拉，而且你做的汤味道好极了。然后你又协助我们做了"清理"的工作。

非常感谢！

如果你很快就要举办庆祝的话，给我们打电话就行！作为帮手，我们随时听候你的差遣。

你的

3.

亲爱的阿尔弗雷德，

我们对你亲爱的母亲之去世感到非常悲痛。我们非常喜欢她那充满爱心、无私的方式。我们会想念她的。

想到她现在已经从长期的痛苦中解脱出来，也许你会感到一些安慰。如果你需要帮助和支持，请给我们打电话。

致以无声的问候

4.

Mao Zedongs Kondolenzbrief an Zhou Enlai

Den 17. Juli 1942

Lieber Genosse Enlai,

ich habe das Telegramm vom 17. Juli 1942 erhalten. Der Tod Deines lieben Vaters hat uns alle im Politbüro sehr betroffen gemacht. Ich hoffe, dass Du die Trauer zurückhalten und die Veränderung akzeptieren könntest. Du hast dich gerade von einer schweren Krankheit erholt und ich hoffe, dass Du Dich richtig ausruhen kannst und in der Zukunft nicht so von der Arbeit besessen sein wirst.

Mit stillem Gruß

Mao Zedong

✓ 第 8 章答案

1.

总经理女秘书，40岁，身高168cm，体重57kg，漂亮，金发，有一个13岁的儿子，希望觅得一位40岁以下，善解人意、聪明、幽默、有事业心、多才多艺、喜欢运动，但也能够佛系休闲的伴侣。

2.

a.Heiratsanzeige eines Mannes: 38 Jahre alt, 1,78m groß, ledig, Einheimischer, Wohnungsbesitzer, sucht eine gutherzige Frau zwischen 35 und 40 Jahren. Ob sie schon mal geschieden ist, ist egal. Kontaktnummer: 13562110131.

b.Weiblich, 29 Jahre alt, 1,70 m groß, geschieden, mit Haus und Auto, Selbstständige, Nichteinheimische, sucht einen Partner bis 35. Er muss einen Beruf haben. Kontaktnummer: 13562110133

3.

作为玛莎和埃里希·奥托的子女和孙子、孙女，敬祝父母、祖父母玛莎和埃里希·奥托在他们的银婚纪念日一切顺利，长命百岁，幸福美满。

4.

幸福的祖父母也可以分享快乐的事件。

我们的第一个孙子出生了！

他就是亚历山大。

出生日期：2019年8月12日

爷爷奶奶玛莎和赫伯特·胡伯谨启

第 9 章答案

1. 我们亲爱的儿子，兄弟和侄子

亚历山大·布加特

出生日期：1970年10月30日

于2022年7月13日去世。我们深切哀悼他。

葬礼将在最亲密的家人中进行。

布加特一家人

桑德尔一家人 谨启

2. 单间，20平方米，位于机场附近，租金550欧，仅出租给安静的、单身德国男士，周末司机，不抽烟者。希望能够帮忙一同整理花园。电话：34 44 55.

3. Fein dekoriertes eintüriges Appartment mit einem Schlafzimmer, einem Arbeitszimmer und einem Bad in der Wohnsiedlung Linhu Jingyuan, 54 qm, 1500,00 RMB, in der Nähe der U-Bahn 4 Ausgang Renhelu. Kaution: drei Monate Miete. Telefon: 027-77 88 90 90

4. 童床，规格：90 x 150，松木（买入价：250欧元），卖价：100欧元。联系电话：Tel.: 0335/ 12 22 21，请周六上午10点起打电话联系购买事宜。

5. 阁楼，一楼，押金，冷房租，杂费，暖房租

第 10 章答案

1. 移民局，财政局，公共医保公司，德国汽车俱乐部，初级法院

2. 申请独立开展工作

尊敬的女士们、先生们：

  前不久，我就在胡苏姆市上述地址下落户了。但是，我的居留许可不允许我从事独立的职业。

  由于我获得了一份工作邀请，偶尔作为女绘图员自由工作，特请您对我的居留许可相应地进行小修改并删除不允许从事独立的职业之条款。

  正如同随信所附的我的多伦多大学硕士毕业文凭和我的前雇主出具的工作证明所揭示的那样，我拥有足够的资历去从事这一职业。我的生活费已通过我的丈夫的工作得到了保障。

  我请您审核本申请并尽可能快地回复我。

  致以友好问候

Mary Pöppelmann

2021 年 10 月 12 日于胡苏姆

第 11 章答案

1. 实习证明

  莉莎·莱曼小姐，1998 年 3 月 12 日生于波恩，在 2018 年 9 月 3 日至 2019 年 5 月 30 日期间在翻译学院德语系实习。她的德语知识和成功的教学方法对中国学生习得和应用德语产生了有益的影响。我们也可以为丽莎·莱曼证明，她是认真负责的。她和中国学生相处得很好。在这段较短的时间里，他们不仅建立并保持了良好的师生关系，而且彼此之间也保持着友好的关系。同事们之间的合作无懈可击。

我们祝她的学业顺利，前途光明。

翻译学院院长（签字）

2019 年 5 月 31 日于威海

2. Arbeitszeugnis

Hiermit wird bescheinigt, dass Herr Hu Feng mit der Nummer des Personalausweises 42010619800000xxxx am 7. März 2018 bei uns als Assistentbuchhalter tätig war und am 24. August 2018 gekündigt hat

Weihai, den 25. Aug. 2021   Buchhandlung Jinfengye in der Hightech und Development Bezirk der Stadt Weihai

3. 成绩单

姓名：马克斯·克莱因，生于 2000 年 1 月 1 日，班级：10a

学年：2018/19　上半年，缺勤数量：3，其中未请假：0

成绩：

德语：4　　　数学：5

英语：4　　　物理：5

生物：2　　　化学：5

历史：5　　　音乐：4

地理：5　　　体育：1

宗教：未参加　艺术：5

性科学：1

✓ 第 12 章答案

1.　　　　　　　　　　　　　　　　　　　　　　　den 18. Febr. 2021

Sehr geehrter Herr Wang Liang,

mit großem Interesse habe ich Ihre Anzeige gelesen, dass Ihre Firma Redakteur sucht. Ich fühle mich wie angesprochen und bewerbe mich hiermit um diese Stelle.

Ich habe mein Studiumin der Abteilung für chinesische Sprache und Literatur der Volksuniversität absolviert und habe auch Berufserfahrungenals Redakteur, d.h. ich bin vertraut mit dem Korrekturlesen, Redigieren, Herausgeben u.ä. Hier eine kurze Vorstellung. Ich war zwei Jahre lang als Chefredakteur für das Wochenblatt mit einem Verkaufsvolumen von 30 000 Exemplaren. Ich machte persönlich bei dem Layout der Zeitung mit.

1998 war ich Redakteur für *Jiankang Zhinan*. Hauptaufgaben: zuständig für die Korrektur und Redigierung sowie für das Projekt Schreiben langer Artikel. Die fünfjährige Arbeithat mich vertraut mit dem Trend der Medien gemacht und durch die Interviews mit den bekannten Persönlichkeiten hat sich meine Kommunikationsfähigkeit auch verbessert.

Ich weiß genau über die übliche Büroarbeit und arbeite momentan bei einer Zeitschrift. Das ist ein vorläufiger Job. Daher möchte ich eine feste Stelle suchen.

Dem Brief lege ich meinen Lebenslauf bei. Ich würde mich auf ein Vorstellungsgespräch freuen.

 Mit freundlichen Grüßen

 Chen Tao(Unterschrift)

2. 您2022年10月20日发来的作为会计师的求职信
尊敬的施密特先生：
 感谢您寄来详细的申请资料。
 您在空调和制冷技术领域的项目工作给我们留下了深刻的印象。但是，我们在2022年没有计划提供任何实习职位。请理解我们无法同意您的申请。
 我们相信您很快就会找到您正在寻找的实习职位。
 祝您成功！
 致以友好的问候！

3. 您 2022 年 5 月 20 日的求职申请

尊敬的迈尔夫人：

　　感谢您发来的具有吸引力的申请。

　　您有很好的申请材料。您在国外多年的居留和非常好的外语知识给我们留下了特别深刻的印象。

　　然而，对我们的录用起决定性作用的是您想要的薪水。请理解，我们因此无法同意您的申请。

　　我们希望您能很快找到可以发挥您优秀才干的职位。

　　祝您成功！

　　向生活在汉堡的您致以亲切的问候！

✓ 第 13 章答案

1. 问题：事由栏译法不合汉语规范；局部译句不合格，比如第一句，称谓"尊敬的女士或先生"，"或"原文里没有；不够文雅，比如"您的"，不如"贵厂"；未翻译前面处的缩略语；最后，无写信日期。

2.
尊敬的女士们、先生们，

　　我们通过自己的业务合作伙伴 TMTC 公司了解到贵司是成功实施奖励活动的专家。我们的合作伙伴去年与贵司一起预订了"与贝肯鲍尔漂流"活动，对此我们感到非常兴奋。今年，我们希望与我们的员工进行一次略有不同的公司郊游。它应该是一个组合：运动挑战应该在处于中心地位，但放松也不应该被忽视。简而言之：这应该是每个人都很乐意长时间记住它一次的经历，并能长久把我们的团队联系起来。

　　请给我们一些建议。（举办活动的）最佳日期为 2022 年 6 月 13 日，参加人数为 13 人。

　　非常感谢。

3. 没有突出"事由"栏，无加粗；称呼语"罗先生"翻译不准确；给客户去信不宜使用"你"；"关于"所在句不对，应该是"针对或者根据……"；"购买价格"所在句，应该是"无折扣"，不是"不得扣除"。下面的 Lieferbedingungen，不是"交付条款和条件"；"谢谢你的兴趣"不妥，不够正式；"汤普森汽车制造有限公司"翻译错误，"铸件经理"不准确。

4．—蓄电池 AS 170628　　　　773 欧元

—测量设备 OPTICA 220155　　695 欧元

所有价格都是净价，都是出厂价加上增值税和包装费。

交付时间：收到订单后约 3 周

支付：30 天内全款（净价）支付

我们的报价有效期至 2022 年 7 月 31 日。

我们将非常高兴收到您的订单。

如果您还有任何问题，请不要犹豫，给我打电话：089 31111 23 或给我发电子邮件。

致以友好的问候

DOPS 测量技术有限公司

Dieter Weise

dops messtechnik. Com

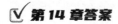

第 14 章答案

1.

事由：我们 2021 年 11 月 18 日所下的订单

尊敬女士们，先生们：

很遗憾，我们不得不部分取消 2021 年 11 月 18 日所下的订单，因为我们

仍有足够的健身手套库存。

当然，对于其他两个项目（300 个手球和 200 个篮球），我们会保留我们的订单。

致以诚挚的问候。

梅赛德斯·帕纳德罗
2021 年 11 月 21 日

注意：Fecha，为西班牙语"日期"的意思。

2.

事由：您 2022 年 3 月 10 日所下的订单

尊敬的乔斯特夫人，

非常感谢您 2022 年 3 月 10 日所下的订单：

50 双矫形女鞋，型号"伊莎贝拉"，

价格为每双 259.90 欧元。

遗憾的是，我们无法向您提供这些鞋子。这是一个已停产的型号，我们之前仍然有一些剩余的库存。故我们的报价没有约束力。

然而，我们可以为您提供一个有吸引力的替代方案：我们全新的，但非常相似的型号"阿拉贝拉"，每双 245.90 欧元。这款后继型号的矫形女鞋有充足库存可以供应。

我们将很高兴收到您的订单。

致以诚挚的问候

克里斯托夫·尤伯宾
2021 年 8 月 17 日

3.

Sehr geehrte Damen und Herren,

vielen Dank für Ihre Bestellung. Leider können wir Ihren Auftrag nicht zu den bisherigen Preisen ausführen.

Aufgrund von Preiserhöhungen unserer Unterlieferanten mussten wir unsere Preise leicht erhöhen. Wir hoffen auf Ihr Verständnis und senden Ihnen unsere neue Preisliste zu.

Wir würden uns freuen, wenn Sie Ihren Auftrag zu den neuen Preisen bestätigen würden.

Mit freundlichen Grüßen

第 15 章答案

1. 货板 / 集装架，无盖有孔木条箱，货袋，木桶，铁皮油桶，大孔板条柜，纸箱，集装箱，严实木板箱

2. DOPS 测量技术有限公司
发票编号：327097　　　　　　　时间：12.05.2022
客户订单：No.974/63
订单确认：84920
送货地址：
交付类型：全部交付

3.
尊敬的女士或先生，

　　感谢您于 2022 年 3 月 1 日的来信。该批货物已于昨天完好无损地运抵我们这里。发票金额为 999 欧元的货款，已于今天转到您在瑞士信贷 Zollikofen 的账户 0668-55624532 上了。

　　致以诚挚的问候。

弗罗利希股份公司
汉斯・胡格利全权代表公司

4. a. die nachstehend aufgeführte Rechnung, b. Zahlungserinnerung, c. Ppa, d.

Mahnbescheid, e. Mahngebühr,

5. a. 滞纳金，b. 强制执行，c. 完税， d. 安排某事，e. 宣布采取法律步骤

6.
第三次催款信

尊敬的女士们、先生们：

尽管有 2022 年 3 月 10 日的付款提醒以及 2022 年 4 月 11 日和 2022 年 5 月 12 日的两次催款信，我们仍未收到针对以下发票的付款：

账单日期：2022 年 2 月 2 日，账单：SA93S01430

账单到期日期：2022 年 2 月 2 日

金额：15,000.00 欧元。

为了支付逾期的发票款项和催款费，我们为您设定的最后期限是 2022 年 7 月 31 日。如果到那时我们还没有收到这笔钱，很遗憾，我们将被迫对您采取法律行动。

致以诚挚的问候

Earthwind Deutschland

全权代表：Silke Bauer

于 2022 年 07 月 14 日